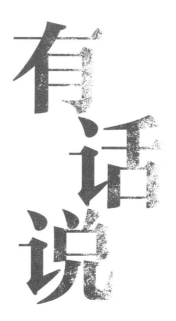

崔永元 著

浙江人民出版社

目 录
Contents

序：我喜欢那个理想的世界 / 01

一

别骗这个世界，
更别骗自己

真的就是真的 / 003

要正确，更要小心正确 / 010

我情愿多走的那几步 / 017

有了尴尬，别自己扛 / 023

为什么总要别人去适应你的世界？/ 033

先听，好好听 / 042

松弛到底，再紧张起来三寸 / 050

说话不用打草稿 / 057

就跟在"家里"一样 / 065

二

别太把自己当回事儿

别怕，我们还有那些招儿

闪亮开场/ 075

防火通道/ 084

鲜活，鲜活/ 095

现在是你的主场/ 105

幽默：都是逻辑在作怪/ 118

感动到一块儿去/ 126

从"你知道"到"我知道"/ 137

打蛇要七寸，入木要三分/ 146

谈判是妥协的艺术/ 155

当所有人都进的时候，你退，你就赢了/ 162

别把你的脑子变成别人思想的跑马场

五

别学会了说话，却忘了怎么做人

是初衷，不是目的 / 173

尊重说话本身以及说话的人 / 183

众多的可以 / 191

不只有"我"，还有"你" / 199

话尽不散场，总留一盏灯 / 205

六

别忘记吃药

疯子，不多 / 215

主要还是靠药 / 222

每个人都是时代的样本 / 228

时代总会走远 / 238

写在后面的话 / 245

序：

我喜欢那个理想的世界

说到底，说话不是一件简单的事儿。众声喧哗，这些话可能是灵药，也可能是子弹，一切全看说话的人是什么态度。

　　出版这本书的时间节点很有意义。就像人生的起承转合，声音很多，声浪很大，你可以在这里找到很多你想要的答案，也可能在这里发现更多的问题，关键看你是来看热闹的，还是来看门道的。

　　掷地有声，何须多言。

有话说

　　书中有关"说话之术"的分享，大多来自我的经历和体会，其中很多都是笑过、痛过之后的感悟，再好的编剧也编不出来。我以说话为职业，干了这么多年，尚且不敢说摸清了说话的这个道道，更遑论学会了做人。"术"是可以通过沟通传递的。环境不同，境遇不同，落在每个人身上的感受也不同，我的分享于你而言，如有哪怕万一的触动和共鸣，那便是我的荣幸。

　　不过，我更希望你能在这里找到你自己的"道"，并在内心深处保持足够的敬畏和善良。当然，读完这本书，如果你反而想少说话，甚至不想说话了，我也不惊讶，毕竟说话只是目的，不是终点。

　　没有人可以告诉你终点在哪里，那得由你自己决定。

　　我们永远做不到为大众活着，也千万别把自己丢了。

　　我今年55岁，已经进入人生的后半程，我希望接下来所做的每一件事都像是一个实验，对别人可能轻车熟路，对我自己足够新鲜。

不过，总有一些内核不能丢，比如要一直坚信最高级的说话是实话实说，一直坚信每个人都自带技巧，独一无二。

直到今天，我依然喜欢那个理想的世界，因为我知道，那个世界里，有我也有你。

有人问我希望我的女儿成为一个什么样的人。

当然是，独立思考的人。

独立思考这事儿与正确没关系，不是说你一定要有正确的答案，而是要有自己的观察、选择和评价，能恰当地自我怀疑，但不盲目武断。

这是每个人不应放弃的权利和自由，准确地说，这是这个世界上的每个生命都不应该放弃的权利和自由。

有话说

　　我养了一只猫，名叫安娜。当别的猫靠近她的地盘时，她就会摆出一副"老子弄死你"的架势。而当她撒娇卖乖的时候，她看起来就像是这个世界上最和顺温柔的小姑娘。她知道我所有的事，一般不发表见解，偶有一次评价，往往一针见血、一剑封喉。所以在说话这件事儿上，她远比我厉害。

　　只是她最近刚刚生了小宝宝，脾气秉性变化很大，对我俨然有了另一副面孔，满满的傲娇和嫌弃。

　　你看，每只猫都是这个时代的样本，天生自带故事。跟人一样。

　　这本书就是我想讲的一个故事，名字叫：每只猫（每个人）都是这个时代的倾听者和表达者。

别骗这个世界，

更别骗自己

真的就是真的

现在大家都说电视假，这不准确，电视不是从现在开始假的。

我们做过一个节目，叫《父女之间》，现场的最后，在我们的调解下，一对父女和好了，父亲给了女儿一个拥抱，女儿在父亲怀里抽泣个不停，这是真的。但是，你在有些电视台看到的这种画面，却是经过安排的。为了"好看"，节目组恨不得说："再抱一遍，刚才那个角度不好；再抱一遍，女儿哭得厉害一点儿……"

还是我们的节目，以前经常会出现这样的场景：安排失散了几十年的战友见面，一定要有众人围观的大场面：

有话说

"让我们一起为他们倒计时，三，二，一！"门开了，两个30年没见的老人终于相见，抱在一起哭，痛哭失声。

很感动，很催泪，但这是假的。他们之前肯定见过了，在火车站、在宾馆，或是在化妆间。

有一次录制，大家正因为一个话题僵持不下，谁也说服不了谁，有的人甚至都有点儿犯困了。当时我真想直接开口说："大爷，您先回家睡觉去吧。"可是这明显很不礼貌，但我真的很希望那个大爷可以自己站起来说："我困了，你们争吧，我先走了。"而且我一定会坚持把这个镜头剪进去。因为我觉得这才是聊天真正应该有的状态，就像街坊四邻在一起坐着聊天，有个人站起来说："你们先聊着，我撑不住了，我先走，明天还有事儿。"多自然，多生动。

很多时候，让我纳闷的不是观众看不出电视的真假，或是电视人故意设置的这些假，而是假这件事情本身。道具是假的，不奇怪；但是情绪是假的，就很闹心了。这事儿就像是传染病，一个节目因为一个情况作作假，效果出来了，收视率上去了，别的节目就会学，接着所有的节目都会这样。就好像所有的人都在舞台前踮着脚尖，但是又谁都没占着谁的便宜。

在日本，我采访过一个叫久米宏的新闻主播。他的待遇非常好，有专用的电梯，他一去，所有人都对他鞠躬。为什么？就靠他吃饭呢！他一档节目《新闻站》的广告收益是他所在的朝日电视台总收益的98%。因为不知情，我傻乎乎地就坐上了他的专用电梯。一起往上升，我向他鞠躬，他也向我鞠躬，非常客气。他问我是谁，我说我是从中国来的，也是做节目主持，就这么聊了起来。

他带我参观他的演播棚，支撑架是钢铁做的，已经有年头了。钢铁棚后面的演播室里有一排小屋子，嘉宾可以坐在那儿喝茶或者吃东西，上面还有一个斜斜的顶窗，透过它能看到外面绿色的竹子，但是这些小屋子是拍不到镜头里的。我很好奇为什么一定要搭真的。我已经说过，场景和道具是假的，不奇怪。

他说："我希望嘉宾进来以后，他能感觉像到了久米宏的家。"

所以，不仅这个榻榻米是真的，等下他们喝的萝卜汤也是真的，就连桌子上的胡椒和盐也是真的。可以是假的吗？当然，但是他不希望他请来的嘉宾是在"演"一种感觉，而是实实在在感受到在他的家里做客。

久米宏的真，让我感动，也让我震动。

为此我和节目组里的同事讨论了很久，我会把一些问题上升到很严肃的新闻伦理层面。比如多年未见的战友，既然他们已经那么长时间没有见面，我们为什么不直接促成他们第一时间见面呢？为什么不可以直接带着摄影机去火车站或者机场记录他们真实的会面呢？为什么一定要让他们现场表演呢？他们又不是职业演员，能演得好吗？心里会舒服吗？为什么这世界一定只能有一种你想象中的"激动"和"热情"叫作"热泪盈眶"？

我们究竟怎么了？为什么那么不爱真实？真实怎么招

我们、惹我们了？

因为，真的就是真的，假的就是假的，我告诉你真的有什么不好，它就是会好一下、坏一下，你控制不了。不像假的，它就能保证每次都好。

我们从来不是说要百分百保真，不能有一点安排、一点设计，做电视的人做不到。我只是觉得，我们不可以骗观众，也不可以骗自己。如果我们原本的设定就是假的，没问题，只是我们一定要告诉大家：本节目有排练，请勿当真。就好像西红柿非常红，但是我要告诉你这是喷过农药的，如果你觉得没关系可以接受，当然可以，但是我不能骗你。

我不喜欢的，是我们对假的习以为常。

这世上本来就没有绝对的假、绝对的真，在这一点上，我不钻牛角尖，也不想扯太远。中国的很多电视人被假"宠"坏了，时间一长，就会想，搞不好假的东西也能有真的一面，搞不好它也能变成真的，搞不好它就是真的。慢慢地，我们丧失的不仅仅是拥抱真实的勇气，还有拥抱真实的智慧和心态。

拿新闻主播举例，在国内，我们习惯了帅气靓丽的新闻主播，但在欧美国家，很多重要的新闻节目主播都是由六七十岁的主播担任。只有作为一个普普通通的人，经历过岁月中的风雨，才能真正知道人间的冷暖，才知道怎么和人说话，才知道怎么安慰别人，并带着最大限度的真诚和善良。所以，我们出去采访的时候，在BBC、CNN、NHK这些地方遇到的那些主持人，看到他们头发花白，但是他们眼中的光会让你从心底里感受到温暖。

你相信的不是他们的年纪，而是他们在岁月温润里选择的真。

我刚认识一个好朋友叫蔡明亮，是个著名的大导演，拍过一部电影叫《你的脸》，只有13个镜头，镜头中只有13张脸，每个人五到十几分钟不等。没有任何机位的移动，时间仿佛静止了一般，有人哭了，有人笑了，有人一直沉默，有人睡着了，也有人默默把头转了过去。就这样一整部电影，一句话都没有。我看到第一个人的时候就流泪了，极其生动。因为你会觉得那个就是人生啊。每个人背后都有属于他自己巨大的喜怒哀乐和起承转合，有时代的因素，也有自己的痕迹，但是我们对此一无所知，因为我们已经太久没有好好地去看看眼前的一张张脸了。这个时候说什么都不重要，生命就是这个样子，残酷又真实，你看就好了。

未经蔡明亮允许，发两条他的短信：

昨天从南特乘火车到巴黎，约晚餐的人拉肚子，我们就去吃水煮牛肉，这家很地道。

南特我好多年没来了，这回他们要我做讲座，放了我四个作品，讲座的戏院特好，饼干厂改的。

要正确，更要小心正确

真的，和正确的，是两件事，既然真的就是真的，那正确的就是正确的吗？

我没法给你答案。

落到我们说话的层面，我们经常听见人们说"实话实说"，却从来没有听人说过"正确话正确说"。在我看来，原因很简单：正确，比真实还要难。

曾经读过一本书，内容是诺贝尔奖获得者和儿童的对话。刚拿到这本书的时候我在想，里面一定特别好玩儿。因为能获得诺贝尔奖的都不是一般人，什么事情能难倒他们呢？所以，他们一定也非常会哄孩子高兴，说出来的话必定很有意思。可是当我真正看了这本书，感到极其震惊。因为这里面没有一句是在哄孩子，他们甚至根本不在乎这些孩子当下能不能听懂他们说的话，他们每个人说话的语调和措辞都和他们平时跟同龄人交流时一模一样，严谨而客观。

为此，我曾经和中国人民大学的儿童教育专家桑新民老师探讨过这个问题。他告诉我："从儿童教育的角度来讲，这些诺贝尔奖获得者的说话方式是非常正确的，因为跟孩子就是要说正确的话，否则就要面临一次或者很多次纠正错误的过程，而这个过程往往耗时又耗力，非常不容易。"

我问桑老师："教育孩子的时候，什么样的话才叫'正确的话'？"

他没有直接回答，而是举了一个反例。原来我们生活中和孩子说过的错误的话比比皆是。比如，孩子渴了要喝水，饿了要吃饭，再正常不过，但是有些家长在哄孩子的时候就会说"喝水水""吃饭饭",这样说看似很可爱、很童真,却包含了纠错成本。因为这世界上根本就不存在"水水""饭饭"这两样东西,喝的是"水",吃的是"饭"。

这听起来是不是有些不可思议?但真实的事例就发生在我自己的生活里。

我女儿小时候,有一次我带她出国,同行的还有几个朋友。到了唐人街,她很好奇,就问唐人街是什么意思。很多时候,面对孩子的这种好奇,大人都会本能地担心:讲那么多大道理他怎么听得懂呢?于是常常按自己的这种理解去解释,毕竟时间是何等神奇的存在,等孩子慢慢长大,他自然就会明白。

我的一个朋友很显然就抱着这样的想法,他逗我的女儿说:"因为最开始的时候这里有一个卖糖人的,非常有名,所以这里就叫唐人街。"我当时并没有很在意,当个玩笑就过去了。直到后来的某一天,我偶然听到女儿在给别人复述这个故事,带着"我知道你不知道"的骄傲,我才突然意识到问题的严重。我告诉她，唐人街的"唐"不是吃的那个糖，它说的是我们古代的一个朝代，叫唐朝。那时候我们国家很强盛，所以外国人就把中国人叫成"唐人"，唐人街就是我们中国人到了外国之后，大家聚在一起的地方。我女儿听得似懂非懂，虽然听了我的重新解释，但她还是喜欢我的那个朋友先前讲的那个"糖人"，因为甜。

这两个故事都关乎一个概念：纠错成本。在这里，正确是关于事实的呈现，我们需要严谨。

我并不是要在这里强调亲子沟通时不能有任何的类比和童言，也不是要在这里夸大事实，耸人听闻，这些都不是我们要讨论的话题。通俗一点说，我们谁都无法保证自己永远说实话，但我们尽量不要故意说假话，哪怕是善意的。说出一句期待时间自动更正的假话是容易的，但是纠正错误的过程往往异常艰难，代价也非常大。

所以，说正确的话非常重要。

有话说

我之所以觉得正确很难，就是因为正确是一件不简单的事儿。如果我们把正确作为一种价值判断，那问题就会复杂得多，不是几句话、几篇文章、几本书能够说明白的。

让我来给大家讲一个故事。

北京十一学校是由北京市海淀区教育委员会主管的一所公立完全中学。那里有一个很神奇的现象，老师不会按照传统的课本来讲课，而是自己编排课本。我问老师："他们以后都要面临高考，高考需要统一的答案，如果不按照课本来学习，他们该怎么办？"

老师也很认真，他说："你太小瞧这些孩子啦。这样吧，我也给你一个任务，今天你回到家就把小学一年级到六年级的语文课本都找出来，从头到尾翻一遍，看看一个小时能不能学会。"

"那不用学了，我都50多岁了，小学的语文课本怎么会学不会。"

听了我的回答，老师说："高考所需要的答案对于我们学校里的孩子来说，很像小学语文课本对于你的含义，要学会它并不是难事，需要的只是抽出特定的时间、投放特定的精力。虽然我们没有采纳传统课本的模式，但是这不妨碍我们教给他们应掌握的知识，以及相较这些知识更为重要的思考和判断。我们不会改变孩子高考的事实，但我们更重视的是，要让他们知道我们的教育不是只有背诵答案这一种方式。"

从这个故事中，我们可以看到，不同的角度出现了不同的"正确"。于我而言，于孩子而言，正确的维度各不相同。而我们总是习惯性地用自己的正确去判断别人错误。

正确的另一面不一定就是错误，可能是另一种正确。

对于正确，我们常常会有两个误解：第一，我们纠正错误的代价很小，所以每次碰到模棱两可的小谎话，我们不在意，说了就说了；第二，正确成了我们的套子，我们把事物放进去评判，最终，把自己也放了进去。

要想成为一个优秀的谈话者，不能总想着去占领正确的高地，然后俯视别人。而是要明白，正确的说法可能有限，但正确的方式不止一种。不要给正确贴上唯一的标签。

你看出来了吗？我是一个讨厌唯一正确的人。

关于正确，我还有两件事儿想说：

第一，正确很难，正因为这样，我们既要尽量正确，同时又要小心正确。

第二，不能因为一句谎话的纠错代价小，我们就肆无忌惮地说不正确的话；但是反过来，如果说一句正确的话代价很大，而意义更大，我们要勇敢一点儿。

我情愿多走的那几步

刚开始做《实话实说》时，几乎一边倒的声音认为我一点儿也不像个主持人，样貌、气质、声音、穿着，都不像。后来，我用行动证明，我确实不像主持人，因为我就是主持人。

刚开始的质疑主要来自人们对主持人的刻板印象，毕竟我看起来根本就是个再普通不过的隔壁大哥或者邻居弟弟。有质疑声，很正常。大家都说我长得没那么好看，我也这么觉得。但是在电视节目里，帅哥美女总是要克服一个我从来不用克服的问题：亲和力。

说到这儿，就必须谈到我在广播电台当记者摸爬滚打的那11年。你知道广播电台和电视台的区别在哪儿？无论是主持人，还是记者，都不需要露面，只用声音交流就够了。这就简单太多了，除了说话，你根本不用去想今天的光打得够不够好或者今天的西服领带有没有歪。那对于广播主持人来说，什么是一场真正高级润物无声的采访？就是当你的访谈结束，对方甚至根本都不知道你是在采访，他都不需要知道你想知道的答案，却和你说了很多，说的人可能不懂，听的人全明白。

所以，往往做得很成功、很能挖掘真相的记者，都不是那种明星一样走到哪儿谁都认识的类型，恰恰是人堆里最普通的那一个。因为大家平等对话，一切也就没那么复杂，你只是真心实意地想了解一件事情，想把它弄明白，自然也就会在不经意间得到最真实的反馈和回答。

电视不一样，灯一打，镜头一对上，就让人有一种莫名的紧张感。熟悉电视的人都知道，镜头会放大所有的情绪，同时，也会让很多东西不再是它原来的样子。现实生活中也是同样的道理，看的人多了，很多东西就会变得不是原本的模样。有人想藏，就有人想找。

　　以前一有采访任务，我们就会提前告知对方自己的行程，然后大家一起坐飞机或者火车去到采访地。这也就意味着我们能够采访到真实新闻的可能性被大大降低。人家一早知道你要来，必然已经做好了万全的准备啊。所以，我的方式通常是提前那么两天出发，先到省里，再到市里，找家小吃店吃点儿东西，坐几趟当地的出租车，和司机聊聊天，晚上再到茶馆坐一会儿，这中间就把自己变成一个普普通通的当地人，实际上已经在了解情况。

　　等大部队都来了，我已经基本把事情的脉络理清楚，也了解了究竟是哪些细微的地方被动了手脚。于是，在一大堆记者围着采访的时候，我总是能够在不痛不痒的问题之外一针见血。可能连对方都会诧异："他怎么会知道这么多？"

　　顺便，我也会动用我所有的关系，搞明白这次媒体要来的同行都有谁，然后再一一排查他们最近的生活要闻。那必须是一说一个准啊。于是，我就成了有名的"半仙儿"。一起出去采访，我能组织所有新朋友来集体"算命"。我能算出《人民日报》的、海外版的、国际台的……各家媒体的同行，谁家是双胞胎，谁最近升了官，谁最近拿了奖。要说能蒙对一个，或者偷听到一个，也不奇怪，关键是个个都准，无一错漏。他们大眼瞪小眼，很是惊讶，却又不肯相信。

我一直都说：最高级的说话是实话实说。

这原本就应该是一个共识，不是吗？可是这么多年，我们在真真假假中不断地兜圈儿，仿佛知道该说实话这件事就已经花光了所有的力气，该如何去保证真实或者说我们该去哪里寻找真实，就显得千难万难。

其实，除了一颗真心，就是要好好做准备，不能偷懒。因为好的谈话者不只靠嘴，还要靠腿。

没有任何一种真相会自己浮出水面，想了解真实，想获得实话，你就必须比别人快一步，比对方快一步，也比自己惯有的认知和习惯快那么一步。你得相信，没有任何一种准备会白白浪费。

那么，谈话这件事究竟该如何准备？这就来到了方法层面。

你在时间上需要领先几步，在别人还没动的时候，你就已经出发了。想想采访中的我，其实挺鸡贼的。攻其不备，才能获得准确而没被掩饰的信息。然后，你必须知道你要跟谁说话。了解你的谈话对象是谁，了解他的基本情况、他的基本好恶和基本生活规律。

原来我也不明白这个道理。记得我刚出国的时候，看到老人过马路我就想过去扶一把，看到残疾人坐轮椅我就想到后面帮着推一下，很久之后我才明白那不是对他们最正确的态度。他们并不希望你去帮助他们，他们最希望的是你的自然和"漠视"。比如说，当你跟一个坐轮椅的人聊天的时候，你们边走边聊，这时候你最正确的做法就是专注于你们的聊天内容，而不是关注他的轮椅，就是这么简单。如果我们在跟别人谈话时能做到这一步，意识和素质就非常棒了。

当然了，女士优先、尊老爱幼这些道理，更应该成为我们最自然的表达，而不是因为跟你谈话，要故意让你三分。比如，你要和一个少数民族的朋友谈话，你需要知道是否会有哪些忌讳；你要和一个残障人士谈话，你同样需要知道哪些语言或者词语应该尽量避免。

当然，我必须澄清这绝不是让你搞什么战术，而是了解这些会让你的谈话更顺畅，气氛更融洽，真实感更强。

去了解，就是尊重。你尊重的不仅仅是事实，更是人。

因为，没有人会排斥一份真正被别人放到心里的重视和真诚。说话如此，放大到做人同样如此，说的道理很简单：要让谈话对象意识到我并不是今天一进门对他的一切认知如同一张白纸，我有了解，也有感受。更重要的是，我很在乎与他之间的这场谈话，也希望可以得到来自他同样真诚的回答。

真心未必换真心，但不上心一定换不上心，防备心一定换防备心。

多问问自己，你，想要哪个。

有了尴尬，别自己扛

我睡眠不好，所以讨厌做梦，特别是噩梦。

在我的主持生涯中，曾经有过一段时间经常做同一个梦。我梦见自己在录制节目的现场，突然之间把所有想说、该说的话忘得一干二净，一句都想不起来，大脑一片空白。然后当然被吓醒。虽然睡眠质量可能不佳，但这个梦无比真实，陪伴了我很久，因为它映照和体现了一部分内心最真实的恐惧：害怕尴尬，害怕自己没办法。

之前看到一个视频，一个男演员遇到了类似的尴尬，更可怕的是，竟然不是在梦里。在人民大会堂的一次演出中，男演员需要朗诵一段大家耳熟能详的诗词，作为大合唱的背景。开始几句精彩极了，声音和表达都特别好。万万没想到，朗诵到一半，他忘词儿了。一段停顿后，他选择重启，从头开始，结果到了那个地方又忘了……又是一段尴尬的停顿。男演员慌张的情绪挤压着面部表情，他已经不知道该怎么办。后面开始有人提示，可能是因为太紧张，他也没能听清。

看到这儿，你是不是觉得：好尴尬啊！怎么办？！如果这件事情发生在你的身上，你是不是也不知道该怎么办？这个男演员的做法是：自作主张地换了一首根本不搭界的诗。

这个"车祸"场景让我的脑海里出现了这样的画面：你正规规矩矩地走在斑马线上，突然一辆车失控地向你冲了过来，你当然要马上想尽一切方法避开，如果这个时候你说你不能尖叫，不能惊慌失措，也不能快跑，因为你担心会掉一只鞋，那样场面会特别不好看。哥们儿，你人都快没了！

这种心理的出现是有原因的，去看看各种各样的主持人大赛，永远都有机智应对的环节，评委和观众为选手设置各种各样的突发状况．参赛选手永远都要想尽办法遮盖、假装、圆场，没有一个选手可以直接把这个问题指出来，寻求大家的帮助。在我们的主持文化中，主持人就像是救火员，哪儿有事故，哪儿就有主持人的身影。这样，真的对吗？

我曾特意写过一篇文章，叫《分享尴尬》。我希望指出我们对主持人的误解。我们认为主持人是完美的，谁没有话他都得接上，什么情况都可以处理，在现场不可以出现任何问题。但事实并不是这样，主持人也会半路掉鞋，也会不知道嘉宾的话怎么接，也会拿着话筒就忘词。碰到这种情况，怎么办呢？

请把你的尴尬分享出去。

比如我主持节目的时候，谈到伏尔泰曾经说"我不同意你的观点"，但是，下一句忘记了。我并不需要欲盖弥彰，更不用掩耳盗铃，可以大大方方地说我忘了，好让观众提醒我。观众都是善良的，他们会帮助你。无论是主持人，还是观众，大家都是普通人，都会有紧张的时刻，都会有头脑空白的瞬间，对吧？我们最需要学习的不是应对技巧，因为情况随时有变化，变数随时会发生，我们最应该学习如何让自己保持一个正常的心态，有事儿大家一起扛。

说回到刚刚提到的人民大会堂的演出，这个演员应该怎么处理？我觉得非常简单，就是直接告诉观众："对不起，我忘了。谁能提醒我一下吗？"因为这首诗词绝大部分人都会背，相信很快底下就会有人大声提醒他，用不着几个字，他就能回忆起来，让演出继续进行下去。我们完全不需要自己一个人站在台上独自承担这个小小的"灾难"。

其实，当什么办法都没有的时候，真诚本身就非常有效。

我们想成为拯救尴尬的英雄，是因为我们对完美爱过了头，但现实的世界从来都不完美。

回到我们的日常说话本身，我们对尴尬的态度，是否应该改变呢？从来没有人规定我们必须独自尴尬，必须当众孤独啊。

我之前有一次去拜访阿城，他是我非常欣赏和钦佩的大家，没记错的话，整场谈话下来，他至少说了五次"这个我刚才讲到哪儿了"。

聊天的时候忘记自己说到哪里，一般人都会觉得"哎呀，好尴尬啊"，是吧？我告诉你，恰恰不是。我们的完美主义又要犯病了，还是我们又要斩杀尴尬了？如果忘了讲到哪里，直接说就好了。如果大家都很感兴趣，就帮着你一起回忆；如果恰好没有一个人记得，那就代表这个话题本身就没有引起什么共鸣，可以直接跳到下一个了。所以你看，其实一切都没有那么难，也没有那么尴尬。

难的不是尴尬本身，而是我们对尴尬放大之后的担心和焦虑。

错也不在尴尬本身，而是我们以为没了尴尬这个世界会更好。

但有时候，反而是尴尬让我们看到这个世界的真。

比如我放在这里的这个故事。

有一次我们做了一个六一的节目，叫《童言无忌》。因为那个时候我已经火得不行，大家都觉得我特别神，就是好像你从大街上随便找个人往椅子上一放，我就能采访，并且做成一个特别棒的节目。这个想法就已经非常可怕了。最后策划找来了一群孩子，把演播室布置得非常漂亮，里面放了特别特别多的玩具，我穿着新做的衬衫和裤子，和平常一样去化妆了。等到孩子们一入场，我突然发现现场不受控了。所有频率的声音夹杂在一起，所有的孩子都扑向了玩具，大概不到两分钟，玩具就已经全部被拆开，满屋子都在飞各种颜色的棉絮。

节目就在这个状态下开始了，我发现自己整个人都是蒙的，根本不知道该和这些孩子聊什么。我问其中的一个小男孩："你最崇拜谁？"

"孙中山。"

哎呀，我一听，这挺棒的呀，赶紧接着问："为什么崇拜孙中山？"

"因为我爸喝可乐。"

我就根本不知道怎么接啊，最后这期节目就在这个状态下结束了。

孩子们全走了，我才发现裤子已经被他们撕了好几个洞，真的是太沮丧了，就一个人坐在门外叼着一支烟，一句话都不想说，当时的心情真的恨不得找个楼跳下去算了。这时候，上海电视台的王韧老师过来和我说了一段话，一直到现在我都记得。他原本是一个特别不善言辞的人，经常一件事说半天大家什么都没听懂，但是那天他和我说：

有话说

"这多真实啊！我从来没有在别的儿童节目里看过这样的小孩。今天这些孩子就和我们在街上、在游乐场里看到的完全一样，他们不用好好坐着，可以来来回回走；他们都想拿到话筒，有的举了三次手，你没叫他，就会哭；他们从来都不会好好回答你的问题，给出的答案常常让你觉得不知所云。但就是因为这样，他们才是孩子啊，你才让大家看到了一群真实的孩子啊。非常自然，非常天然，非常好……"

别太把自己
当回事儿

为什么总要别人去适应你的世界？

我的人生理想曾经非常多，多不靠谱的都有，只是从来没有一个选项叫"成为一名主持人"。

总结下来就四个字：机缘巧合。最开始，所有人都告诉我只需要坚持两三期，后面自会有人替代，大概谁也没有想到一转眼就是20年。

记得之前有记者问我是不是一个爱说话的人。我的答案是否定的。紧接着问那是怎么变得爱说话的。

"应该是某一天突然摸到了电门吧。"当然是玩笑。只是越到最近几年，越会开始问自己一个问题：我究竟是

有话说

从什么时候开始享受说话这件事儿的？

于是，很认真地给自己做了一个"实话实说"的访谈。

刚做主持人，总会自带一份年少时特有的得意和小骄傲，很本能地认为我就是主角，大家来录节目或者到中央电视台的演播厅就是来看崔永元的。把自己看得很重，非常在意自己的形象，因为确实形象不好，就寄希望于化妆师能把自己化得像个小鲜肉。当然也会尽量穿得好一点儿，皮鞋每次都擦得锃亮。并且一定会提前背好一些名言警句，期待到了台上可以口吐莲花。结果当然是一句都没有用到，因为能够说出来话就已经非常不错了。

当时，节目录制现场每次有150到200名观众，只要我发现其中有一个观众用眼神或身体语言表示"小崔主持得不怎么样"，我就会深受打击，也算是特定时期的"小心眼"了吧。

再后来，突然意识到大家并不是来看崔永元的，而是看崔永元采访嘉宾。一想到这个，心里一惊，赶紧调整心态，让自己的角色定位更接近一个配角。我说得有多好，或者准确地说，我一个人说得有多好并不是最重要的，也不是一场真正优质的谈话最核心、最有价值的因素。因为，嘉宾说得好，和我说得好同样重要。而对于自己表现得好不好，我也就真的放下一些了。

一旦进入这个阶段，我开始真的不那么把自己当回事儿，才发现自己的整个状态完全放松了下来，也不需要再做什么刻意的准备，而是更多地把对方的情绪、状态调动起来，给对方营造一个最舒适、最安全的谈话场，让对方完完全全地表达自己、展示自己。

等到快退出这个职业的时候，我才终于明白，大家就是来看嘉宾的，跟我一点儿关系都没有。作为主持人，我其实是可有可无的。我已经把访谈对象引入了一个佳境，他在我面前没有了拘束，因为信任我，所以对我敞开心扉，说出了最想说的话，并且说得非常流畅、非常自然。最重要的是，没人觉得这个主持人在添乱。这就已经非常好了。

有话说

甚至有的时候我们请一个嘉宾上来，介绍完，一坐下，我提一个问题，他就开始滔滔不绝，有时候甚至一口气能讲到节目最后，我只需要做个总结并收尾。这往往是我觉得最幸福的时刻。说得夸张一点儿，作为一个好的谈话节目主持人，在整个的节目进程中，观众觉得他几乎不存在，那可能就是最高境界了。

所以你瞧，我用了20多年的时间，慢慢找到说话这件事情在我心里真正的价值和秩序，也慢慢抛弃掉那些说话之外的光环和杂念，真正享受说话本身。

我们好像一直在讨论"说话"，但真的仅仅只是"说话"吗？回到生活中，道理同样简单，干吗你一定要是主角呢？为什么你就敢保证自己绝对正确？怎么就一定得是你掌控全局？所有人都必须围绕你的问题和答案吗？当然不是。

没有人规定这个世界必须按照我们的秩序运行啊！人

活着本身就是一个慢慢放下自己的过程，不是吗？然后慢慢学习，学习该如何在内心深处对自我进行安置，如何和自己、和他人，也和这个世界好好相处。

这个世界其实挺好的，原本也挺丰富的，只是我们以前习惯于不去听别人的意见和声音，当然，和我们观点一致的意见和声音除外。

比如最近大家都知道，我要监制一部电影，也要导演一部电影。从一个资深的、沉浸很深的影迷和收藏爱好者到真正去操作一部电影，这中间的变动真的很大，要做很多准备自不必说，更重要的实际上恰恰是技术之外心态上的变化。

大家都问："你不怕挨骂呀？"

"我怕，或者不怕，都肯定要挨骂，所以也就没什么可担心的了。"

有话说

其实在看电影这件事上，我以前就是一个看热闹不嫌事大的，有了不认同的观点肯定会骂出来，而且声音还挺大。现在到了自己，最重要的一件事情就是一定要知道这就是观影的一部分、一个过程。我们当然都希望电影院里字幕一出、灯光一亮，全都是称赞的声音。但必须牢牢记住：这是我们努力的方向，坚决不许有这方面的苛求。

被指责一下、被骂一下就翻脸，在我来说，是绝对不可以的。发表观点，温和还是激烈，每个人都有选择的权利和自由。同时，我反而很期待在我想象的那个层面可以听到大家不同的观点和交流。认同欢迎，不认同一样欢迎。

谈话，就是在不同的世界之间建立桥梁。现在大家的"主角意识"都太强了，总是站在自己那边喊"快，你到我这边来玩儿"，却从不考虑别人愿不愿意过桥去。请人家到你的世界玩儿，固然是热情，但也总免不了一切都按照你的秩序进行，如果总是这样，你便理所当然地觉得别人应该适应你的世界。

为什么不能是你去别人的世界，你去适应呢？

这个世界上有这么一个特殊的群体，他们被叫作"星星的孩子"，当然还有另外一个更被大众熟知的名字是"自闭症儿童"。他们终其一生都把自己关在内心深处只有一个人的小屋子里。他们从来不是智力低下，甚至相当一部分有着极高的天分和艺术才华，只是他们没有办法理解这个社会的复杂和变化，所以他们没有办法接受正常的教育，即使通过考试读到大学，毕业的那一天也意味着他再次回到原来生活轨道的一天。

该如何面对他们？我们总是强调要对他们如何如何进行特殊教育和改造，让他们适应这个社会，让他们变得"正常"，实际上这是不可能的。我们最该做的难道不是去适应他们，给他们创造一个世界吗？

在上海有一家基金会，关爱着30多个自闭症儿童，我和他们的关系非常好，每个人都叫我爸爸。身边的很多人甚至是孩子的家长一直很奇怪："你是怎么做到和他们亲近的？"

有话说

其实答案非常简单，我就是在适应他们，不要求他们做一丁点儿的改变，于是所有人都会觉得我和他们是一样的，他们是安全的。

有一次，我一进门就逐个和孩子们拥抱，一个女孩突然狠狠地推开了我，她的妈妈说她有亲密恐惧，从来不接受任何人的拥抱。我赶紧道歉："对不起，我错了。"女孩就是不高兴，怎么都哄不好。

我想了想，说："为了表示歉意，我送你巧克力吧。"

"我不要巧克力，我要金枪鱼。"

我心里稍微松了一口气，毕竟知道具体的要求就代表事情简单了很多。

问："那要多少呢？"

"越多越好。"

我拿来了好些金枪鱼，不特意配上了面包，一起递给她。

"我不要面包。"但是她接受了金枪鱼。

等到当天的活动都结束了，离开之前，我再次和每个孩子拥抱，等所有人都抱完了，她跑过来给了我一个拥抱，我偷偷问她为什么，她说："我看他们都这么做了。"

这里面没有任何情感的因素，在她看来，这个拥抱更像是一个仪式，但是谁能说不温暖呢？

我看到现场很多家长的眼睛都红了。

先听，好好听

如果你问我：在一场好的谈话之前，最该做什么准备？

一句话：我希望在赴这场谈话之前，你不是只带了一张嘴，还带来了一双耳朵，准备好听对方先说。

中国人爱讲"听说"，就是你需要先学会给自己的声音静音，先听别人在说什么，只有听懂了别人，你才能把自己的话说明白。你才知道，对方的信息是否被有效接收，自己的信息是否有效传达。

开口之前，先听，先好好听。

这里的"先听，后说"，其实不只是说话语序上的先后，更是自我心态上的一种重新打破和重新认知。它需要你首先在心底把自己轻轻放下，不是一切都必须以我为主，不是一切都必须以我为准。这不可能，也没必要。稍微少那么一点儿过度的自我关注，更多地把眼睛和耳朵同时打开，去这个名叫"自我"的小圈子之外，多走一走、听一听，也看一看，你就会发现世界真的很丰富、很多彩，而我们自己也真的没自己想象的那么重要。更可贵的是，意识到这一点，一点儿都没有不好。

说回来，听的目的就是让你在跟别人交流的时候，能够顺畅并且有效。你要听懂对方在说什么，是否还想听你的意见；或者对方把已经做成的事说给你听，让你再出新的主意。这就要求你在听的时候要特别专注，还要边听边想，启发自己的思路，这样才能给出合理的建议。

当然，听说并不是要你听一句说一句，那就是复读机了。它的要求更高，需要你听一句能说十句，或者听十句就能总结出一句。听明白了，才能想明白。那么，具体来

有话说

说我们究竟该怎么听?

听有两种，一种是别人已经录好了，你负责听就行。另一种是在交流的时候，你不只是听，还要说，要回应。不管是哪一种，都必须做好两件事：首先，听的时候需要一个放空自己的心态，这样你才能听见别人在说什么，才能决定你要不要继续听下去，要不要听进心里，或者是否选择辩驳；其次，你需要提高自己听人说话的审美，要把自己的耳朵练尖、练顺，也练正，这样才能听出别人的弦外之音以及那些奥妙的心思和暗藏的机锋，最终拿来己用。

因为，每个人内心的故事都是一座大大的冰山，能够说出口的永远都只是冰山一角，我们不仅要"看见"水面上的那一角，也要"看见"水面下那些隐藏的最容易被忽视的部分。

就像我一直说的，一个好的说话者的角色并不是一个说话的人，而是一个会听别人说话的人。他可以熟悉谈话对象的谈话方式，让对方感到很舒服和安全，并且可以最大限度地充分进行表达。

比如，我在主持节目的时候发现，东北人口才普遍特别好，说起话来很难被打断，即便你给他打断了，他顺着你打断的这个路往前跑几百米，最后还能绕回来，找到之前的话题，接着往下说。这种情况怎么办？我觉得最好的方法就是在谈话的时候约定范围，不是在录制之前约定，而是坐到现场之后约定。你就告诉他今天的重点是谈某件事，而且要跟他达成一致。这样，当他偏离这个话题时，你就很容易把他拽回来。比如，你跟一个阿姨谈话，她总是跑题，因为之前你们达成过一致，所以你就可以提醒她："阿姨，咱们约好的，今天要谈这一段。"

南方人就不一样了，很多南方人普通话说得不是特别好，所以他们的注意力更多地放在把自己的态度或者观点表达清楚。一旦你打断他，很可能他的整个思路就被打断了。所以跟南方人说话，你不能打断他，也不能逼得太急，否则他很可能就说不出来话了，即使说出来，也可能不是他最想表达的。

有话说

　　天津周边和北京人又是另一种风格，很喜欢抬杠，跟人顶着来。如果你这个对谈对象不是咄咄逼人，不是特别狠，他都没什么心思跟你说话，因为他觉得太没意思。我记得一个唐山的小伙子来做节目，说你们这就是在抬杠嘛，早就应该叫我来了。我跟他解释，我说我们这个节目不是抬杠，是聊天。他眼睛一瞪："你这就是抬杠，否则你跟我争什么。"你瞧，这才真的是来抬杠的。

　　敬一丹大姐曾经这样评价我，她说："小崔有个神奇的地方，就是所有人只要一坐在他面前，就想说实话，就想把心里话掏给他，都不用他做什么工作。"敬大姐的这个评价我一直铭记着，我觉得这个评价和她，都太好了。

　　同样，说话这件事、听别人说这件事从来都不会发生在真空状态下，它需要背景环境的交代，也需要不同情境的呼应。不同情境下，即使是同样一句话，表达的也很可能是完全不同的意思。

　　山东大学的马瑞芳老师是《红楼梦》和《聊斋志异》的研究专家，专业水平和为人处世都非常好，她教过很多外国留学生，其中有个美国留学生，每次在她家上完课要走的时候，马老师的妈妈都要跟她道个别。

　　中国的老人跟客人道别，总是很客气，总会说一句："不吃了饭再走啊？"可是在美国人的文化系统和语言模式中，这并不是一句客套话，他们真的会以为是在邀请自己吃饭，于是那个美国留学生就说："那也可以呀。"

　　老太太又问："你想吃什么呀？"

　　学生很实在，说想吃羊肉馅饺子。结果老太太就让马老师出去买羊肉，回来包饺子给这个学生吃。第二天上完课，这个学生刚想走，老太太又说："不吃了饭再走啊？"结果，她又留下来吃了一顿羊肉饺子。

　　马老师有点受不了了，就跟老太太说："您以后别再留我的学生吃饭了。她是我的学生，我把功课教完了，她可以自己去食堂吃，而且食堂吃得也不错。您这一热情，我就得出去买菜，回来还得剁馅儿。上了一天课回来还要做这些，我得多累啊。"

结果老太太也挺委屈，她说："我没想留她吃饭啊，我只是客气一下，问候一声，谁想到她就当真了呢。"马老师就跟老太太说："美国没有这种问候，在美国人看来，你说的就是留她吃饭的意思。"等到第三天上完课了，这学生刚要走，老太太又说："要走啊……"只说了三个字，她就突然意识到不能往下说了，结果那个留学生就去吃食堂了。

再早一点儿，我去过云南的一个养老院，那里有一个大学教授，最最喜欢的就是参加养老院举办的缝珠子大赛，每次大赛获胜时的那份开心和荣誉感真的就和他年轻时被评为教授所感受到的一模一样，甚至还可能更高。所以你瞧，别管一个人年轻的时候从事什么工作，年纪大了都一样，最重要的其实就是一种参与感和实现度，一种没有被抛弃的感觉。而更多的时候，我们以为的真的就仅仅是我们以为的，虽然是出于善意，但如果没有真正听到他的表达和心声，不知道他的想法和期待，我很可能直接把他从缝珠子大赛的赛场拉走．递给他一沓口述历史的资料："来，我们写一期调研报告吧。"

然后，还会搬个小板凳，就坐在旁边，笑得特别满足。

松弛到底，再紧张起来三寸

紧张不可怕，怕紧张才可怕。

通常来说，紧张是一种可以通过各种方法消除的生理状态。而要战胜怕，却得花更多力气。

作为一个"前资深节目主持人"，谁要是和我说他一次都没紧张过，我第一个不相信。所以，我们要解决的问题是紧张，而不是怕。

在主持人生涯初期，我自己就实打实地紧张了三年。紧张到什么程度？最开始一听说要录制节目，提前一周就开始吃不好、睡不好了，虽然私下里也觉得实在是不争气，但没办法。后来情况好转，慢慢变成了提前三天。但就算是终于变成提前一天的时候，我也坚决避免见任何亲人，必须把脑子全部清空。接下来就是再灌进去一大堆为第二天的节目准备的台词。不用说，到最后一上台准全部忘掉。但是到了下一次，还得再来一遍。

一点儿都没危言耸听或者刻意渲染。我说这么多，实际上就是想说，是人都会紧张。再给你来一个例子。

郭德纲和他的相声现在有多火已经不用我多说，但在此之前，他至少演过5到8年底下经常没几个人听的相声。他印象最深的是一场一个人的相声，说那个人买完票才发现整场只有他自己，演出一开始，他就想走，但是又不敢走，因为那个气氛已经非常恐怖了。你想想，舞台上颠来倒去的至少有10个人在演出，台下就他一个观众。

后来他实在憋不住了，想去上厕所，刚一站起来，台上的演出马上就停了，说："你干什么去？"

"我去上厕所。"回答得也是有那么点儿战战兢兢。

有话说

大家就说："你必须回来，我们这么多人都给你演，你要是不回来，那就对不起了！"所以，这个人估计是看了一场全世界最奇特的相声，最后他被人押着上了厕所，回来接着把这场演出看完了。

现在郭德纲的演出一票难求，大家就觉得他演出好、品质高、本事大，包袱抖得妙趣横生。如果你非要说他比20年前进步了，我觉得肯定是有，但这似乎并不是让他受欢迎的最主要的因素，主要还是因为他更松弛，也更自信了。

你看，没谁一开始就能这么自信、这么松弛，都需要时间的历练。

当然你可能会说，心态这个东西又不是电视机，想换台拿遥控器一按就行。所以，到底有没有什么方便可行的方法能在短时间内消除这种紧张呢？

巧了，还真有。

　　我的心理医生教过我一种物理方法，特别管用。按他的说法，人如果紧张，说明还有精力，还有使不完的劲儿，不信你瞅瞅那些病入膏肓的人，哪个还能紧张得起来？既然是这样，那么感到紧张的时候你就攥紧拳头、咬紧牙关、绷紧关节，自己跟自己较劲，把你全身的劲儿都用尽，连气都不要喘。这样连续做个两三回，你就能变松弛了，因为你没劲儿了，也就紧张不起来了。

　　后来随着时间流逝，经验和阅历不断丰富，我在上场之前似乎不用做什么特别的准备了，因为很快就能找到我和嘉宾之间谈话的环境和气场，嘉宾谈起来滔滔不绝，我只要做好引导、归纳和整体调度的决策，虽然我变得松弛了，却没掌握好那个度，有点儿松弛过头了。这就导致我注意力无法集中，状态也不好，拍出来的表情没法看。这么下去肯定不行，必须马上改变。

　　我就去找倪萍大姐，我跟她说："我现在录节目的时候老提不起兴趣，总觉得困，怎么办？"她问："前面紧张了多长时间？"

回答："三年。"

她说："你这算不错了，三年紧张感就消除了，有的人可能需要10年、15年才能达到放松的程度。你现在的问题是稍微松弛过头了那么一点儿，需要重新让自己兴奋起来，可以试试录制之前在后台多跳几下，这样就会心跳加速、血压升高，自然就不会再犯困了，兴奋感也会慢慢回来。"我试了一下，果然很奏效。

后来我们经常一起探讨一个人主持节目的时候，什么状态最好，究竟是该紧张还是松弛，她说的一句话让我一直记忆犹新：松弛到底，再紧张起来三寸，就是最舒服的感觉。

已经有太多人说紧张，或者怎么解决紧张了。所以最后，我们就来聊一聊不紧张吧。我们不妨问问自己，做什么事情的时候会不紧张。答案大致可以分成三类：绝对胜任的事儿，不是自个儿的事儿，没想太多的事儿。

绝对胜任，在能力上可以碾轧，就不会紧张，这时候反而是要让自己多受些刺激，就像在后台跳一跳，别因为太放松而出纰漏。所以，一切的基础还是能力。

别人的事，没必要紧张．即使出了错，也没关系。但无论是做节目，还是在人生中，我们做得更多的还是自个儿的事儿，有了成绩，当然高兴，但如果出了错，也得自己担着。

没想太多，意味着还来不及紧张，事儿可能就过去了。通常情况下，造成紧张的一大原因就是想太多，明明就只是上台去说段话，结果还没有上台就想着糟了开头忘了怎么办、失败了怎么办、别人觉得自己讲得不对怎么办，能不紧张吗？

认识到这三个心理层面的原因，我们是否可以找到应对紧张的终极心态并进行调整呢？

紧张不可怕，紧，可以松；张，可以弛。

所谓松弛到底，不仅仅是指在舞台上，或者谈话中，更是指向我们的自我状态。松弛到底，不是对抗，因为对抗会带来紧张，它鼓励我们克服内心深处的不自信和太在乎，是一个战胜恐惧和巩固自我的过程。别总给自己的松弛设限，以为已经到底了，但其实还差很多。真正松弛到底的时刻，是你发现自己必须找回点儿紧张了，这一点挺有趣的。因为绝对的松弛除了带来魅力，也会带来懒散和不自控，这个时候得把紧张请回来，控制一下自己，回调三分。

"别紧张"变成"要紧张"，"要松弛一点儿"变成"别太松弛"。体会到这一点的时候，你就能明白什么叫：松弛到底，再紧张起来三寸。

说话不用打草稿

说话这事儿挺吃亏的，我们知道说的没有唱的好听，同时，说的也没有写的漂亮。

上大学的时候，我特别喜欢看话剧，其中最爱北京人艺的《茶馆》。那时候，《茶馆》的演员都是大家，于是之、林连昆、黄宗洛，这些老一辈艺术家真的特别好。好到什么程度呢？好到那时候我们都不叫看《茶馆》，而是叫听《茶馆》。就是说，到了剧场，你根本不用看台上，只要闭着眼睛听，就会感觉像是在听一首交响乐一样，特别享受。

现在回过头来分析《茶馆》里的那些词和句子，你会发现其实非常简单，看上去就像平时说的话，但当它们组合在一起的时候，就会变成一首特别棒的清末民初的市民交响曲，可见老舍先生的功力了得。

　　都说人生如戏，但生活中的话永远都比不过戏里的对白。

　　看清了这一点就该明白，我们平时说话最好不要有负担，不要因为说不出像文学家在创作时写出的妙语而自卑。因为文学创作就是文学创作，当谈话进入写作，它就背负了很沉重的责任，要负责起承转合，要负责构成事件，要负责推进情节，要负责表述人内心的想法。如果把这些压力压在一个人的日常对话上，准垮掉。当我们在现实生活中说话的时候，通常这些责任能背上一个就不错了，我们都是很轻松、很自然，用自己的嘴表达自己内心的想法，非常容易。但是在文艺作品里，每一个角色都背着这么重的责任，作家就必须字斟句酌，希望这个角色说的每一句话、每一个字在作品里都能起作用，最好能一语双关，一字值千金。

汪曾祺先生在写《沙家浜》的时候，有一句唱词最初写的是"芦花黄芦花白稻谷黄，柳树成行"，上面的人不满意，说这两个都不在一个季节，而且很拗口，就让他现场改一改。汪先生想了一会儿，改成了"芦花放稻谷香，柳树成行"，一个用了视觉，一个用了味觉。这次上面的人说好多了，但又说"柳树成行"没有意境，应该改成"岸柳成行"。最后完成的唱词就是"芦花放稻谷香，岸柳成行"，所有人都觉得非常好。

汪先生算是语言艺术的大家了，但是他在生活中说话可是没有这种意境的。当时知青下乡，汪先生的女儿也在乡下。后来知青们都在想各种办法回城，他女儿也想回来，就让他给写一个证明。汪先生想了一晚上，写了一封信让女儿带回去。所有人都对这封信特别期待，你想啊，这可是《沙家浜》的作者写的。结果革委会的人看了之后就拿着信去找汪先生的女儿，问她："这是你父亲写的吗？他是写《沙家浜》的汪曾祺吗？"汪先生的女儿说是。革委会的人还是不相信，就把信递给她，让她自己看，只见上面写着：

有话说

我想让我女儿回来，你们必须批准。

事实就是这样，汪先生能写出样板戏里那么漂亮的唱词，"垒起七星灶，铜壶煮三江。摆开八仙桌，招待十六方。来的都是客，全凭嘴一张。相逢开口笑，过后不思量。人一走，茶就凉"，可是现实生活中写信却十分平实，他也可以很自然地说话。这就是文字表达的语言和说的语言的差距。

在这里我要跟大家探讨的是，我们怎样才能从僵硬的文字里、读本里脱离出来，找到更生活化的语言呢？

甲午中日战争失利，北洋水师全军覆没，迫于日本的军事压力，中日双方签订了《马关条约》。当时，清朝派出李鸿章等赶往日本马关，到那里去和日本派出的总理大臣伊藤博文会面。到了之后，伊藤博文将双方的会面地点定在了一个叫"春帆楼"的地方。楼对面是个海湾，两边有山，水面不宽。当时，日本军舰在整个谈判的过程中一直在河面上开来开去。这样做就是想造成一个假象，让李鸿章以为日本有很多舰船，给他施加心理压力。其实李鸿章早就看出来了，但他没说破。

我猜你现在肯定很好奇：当时李鸿章和伊藤博文一见面，他们是怎么说话的？都说了些什么呢？

对于类似的问题，我曾经也很好奇。比如，过去在电视上看到毛主席接见外国友人，只能看到他们的嘴在动，却听不到声音。他们说的是什么？是不是像咱们普通老百姓一样说话，比如见面打招呼说"吃了吗""路上累不累呀"。这都是我的想象，我当时觉得自己想的肯定不对，毕竟那是国家领导人，说话怎么可能跟我们普通老百姓一样呢？直到有一次我看到了一段十分珍贵的影像资料，我才发现原来我想的没有错。

那是一段周恩来总理会见美国记者斯诺的录像，是同期声，十分难得。两个人见面握手之后就坐了下来，周恩来总理先开口问："这一趟感觉怎么样，都去了什么地方？"斯诺回答说去了杭州。周恩来总理又说："杭州是个好地方啊。"说着又给斯诺递了一根烟，说："抽根烟吧。"接着帮他点着，然后开始给他介绍国内的经济情况。到了吃饭的点儿，周恩来总理拿着菜单说："我看看今天都准备了什么菜。"又说："不管准备了什么，你不能跟杭州比，因为杭州是个会做饭的地方，我们北方做的不如那里。"整个谈话过程基本上都是这样的。大家是不是觉得很亲切？如果没听到这个同期声，一个国家领导人和一个外国记者，我们是想象不出来他们是怎么说话的。

再回到我们刚才说的李鸿章和伊藤博文的对话上。看到这儿，我想大家也大概猜到了一些。

见面之后，李鸿章和伊藤博文先是寒暄。伊藤博文说："中堂此来一路顺风否？"李鸿章说："很顺，感谢先生在路上为我准备了一个能休息的公馆，所以我休息得很好，让您费心了。"伊藤博文赶紧说："哪里哪里，您太客气了，这是我们应该做的，这里一路都是蛮荒之地，实在是配不上阁下的身份。"

寒暄结束之后，两个人开始正式进入谈判程序。进入正式程序之后也不像我们在电影、电视剧里看的那样，怒目而视，剑拔弩张，甚至一句话不对就打黑枪、关黑屋。

这个过程非常平静和友好，两个人开始互相交换材料，证明双方是各自国家派出的特命全权大臣，接着检查材料。结果还真发现了问题，伊藤博文给的材料上是天皇的签字，李鸿章拿的材料上盖的却是慈禧太后的大印，一个签字，一个印章，问题就这么出现了。伊藤博文说："你们的文书只有盖章没有签字，你们也应该签字。"这时候，交锋开始了。李鸿章说："我们大清帝国就是用御印来代表的，你们不能总是按自己的规矩来。"伊藤博文说："应当遵守国际惯例。"

后来双方谁也没说服谁，但也都认可了对方的方式。到这时候，双方就开始确定接下来两天的谈判日程。那么接下来两天要谈什么呢？基本上就是清朝战败了得赔款，这是双方都认可的事，然后又都表示说，希望谈判的时候双方都能互相宽容一点，给彼此留一些余地，最后确定了下一次谈判的具体时间。到这里，第一天的谈判就结束了，就是这么简单。双方的态度也都很平和，语言也很平实，一两千字而已，跟两个普通人谈话没太大区别。

李鸿章和伊藤博文这一段关于《马关条约》谈判的资

料我是偶然在一本书上看到的，这本书叫《东行三录》。

回归说话的简单，是件重要的事儿。既不用过分要求自己在现实生活中把话说得精彩而束缚了自己——这是给自己松绑，也不要因为觉得历史重要，而总觉得重大历史场合说的话也不能放下来，这是给话语本身松绑。

所以你看，别执着于好听，好用最重要。

就跟在"家里"一样

　　我大哥从小跟着姥姥一起长大，和我们在一起的时间非常少，也很少和我们交流。每次向别人介绍他的时候我总会说："我大哥，人特别好，特别老实，就是不爱说话。"

　　有一次我去他上班的公安局找他，发现围着火炉子，他和同事们正说得眉飞色舞，那是我第一次发现原来我的大哥也可以如此健谈。后来我慢慢琢磨出来一个道理。他之所以在我们面前不爱说话，是因为我们所在的地方并不是他说话的环境，而他在办公室和同事们一起可以侃侃而谈，是因为他天天在那个环境里说话，那里让他觉得轻松和安全。

有话说

　　作为主持人或者说一场谈话的组织者，怎样做才能让与你谈话的人感到舒服？其实很简单，就是要让他们回到自己感觉舒服的环境，就像让警察回到警察局，让售货员回到商场。也就是让每个人回家，回到他家里的那个环境，看着自己的小猫，搂着自己的女儿，或者就躺在床上看着书；或者干脆到海边休假，看着海浪一层一层地铺开，身边有海鸟不停地飞过；或者在课堂上身后有写着板书的黑板，下面坐着一群学生……每个职业都有自己喜欢和熟悉的环境，而这个环境就是主持人或者谈话组织者要为他量身定做的。只要身处其中，他就一定会把生活中最好的状态展现出来。

　　我们把这个舒服的环境叫"谈话场"，是"场景"的"场"，也是"磁场"的"场"，更是"气场"的"场"。

　　我的好朋友姜文在电影方面的才华和自信自不必说，但实际上大家可能不知道，见惯了大场面的姜文也有怯场的时候。《让子弹飞》的首映式，他邀请我去主持。临上场之前，他把我叫到一边，问："你第一个问题要问什么？"

我并没有做先期的预设，准备一会儿到场上看大家有没有什么感兴趣的问题，如果有，就从那个开始问起。但是姜文说："哥们儿，不行，你第一个问题一定不能变，必须是咱俩之前约定好的那个问题，你一变，我就说不出来了。"

姜文电影首映，来的人自然很多，记者更是来了一大堆，不得不专门给他们搭了一个台子。我早忘了他之前跟我说的是什么问题，幸好上场前他提醒了我一下，于是上场之后我就按照那个开始问，等到他回答完这个问题，非常明显能够感受到这个人一下子就放松下来了，随便问什么都行。而且这哥们儿一放松，那是非常恐怖的，他已经不会再给你提问题的时间和机会了。

这么厉害的一个人，这么才华横溢的一个艺术家，为什么会对采访时的第一个问题如此在意？大抵是确定性所带来的安全感吧。

有话说

其实每个人都自带属性，每个人都有一种天然的可以让自己放松下来的方式，有的人吃一串糖葫芦就放松了，有的人则需要喝上一杯浓茶，有的人得听首歌，有的人可能只需要大喊几声……方式各有不同，道理却没什么不同。

所以在跟人谈话之前，如果对方提出的要求不是太无理的话尽可以答应他，让他吃、让他喝、让他唱、让他喊，别拦着。虽然表面上只是一种场景的转换，但实际却是心理上的转变和突破。

舒服场调整的核心是心态，而心态改变可以带给我们意想不到的东西。

2002年，中国男足闯进世界杯，这个惊喜让我们认识了一个叫米卢的教练。但这个中国国家队的总教练，在刚上任的时候遭到了非常多的质疑。他根本不教国家队基本功，整天就知道跟队员们闹着玩，甚至惹他们生气。我采访过米卢，他非常严肃地和我说："运动员到了一定年龄就没有办法再训练基本功了，已经来不及了，但是调整心态却永远不晚。"

他认为当时的中国队在亚洲足坛的所有球队中属于第二梯队，但他们在场上比赛时的表现往往非常像第三、第四梯队，如果能把他们训练成球场上的第二梯队，这样他们就可以战胜第三、第四梯队，也可能和第二梯队甚至第一梯队一决高下。所以，他就天天调整队员们的心理状态，而不仅是教授具体的战术。也就是在米卢执教中国队的这一年，中国队冲进了世界杯。

如果你知道了米卢的这个方式，就会相信中国队冲进世界杯绝对不仅仅是靠运气。

回到谈话，很多年前听上海电视台的王韧讲过一个概念：漫步聊天。我深以为然。你和一个人或几个人一起边走边聊，你一会儿跟甲说，一会儿跟乙说，你跟甲说的可能与跟乙说的不是一件事，也可能就是同一件事。或者，三个人一起边走边聊，说着说着三个人突然都不说话了，其中一个却唱起歌，或者学了一段电影录音，或者讲了一个笑话，这些可能跟刚才的话题一点儿关系都没有；甚至

有话说

还可能出现这样的情况，就是三个人走着走着，突然一个人大声喊"一二一、一二一"，非要三个人步伐整齐。再或者，就是有一个人突然跑去抓猫，什么情况都可能发生。这里的一切，都是漫步聊天。

很多时候，主持人不需要把自己当成一个主持人，而是把自己想象成一个火车司机，谈话的线索就是火车轨道。每开到一站，火车停下，你会下去检修车辆，乘客也会下车，有人想买烧鸡，有人想买汽水，有人可能就只是想抽根烟。你会和他们说话，也会听他们彼此之间的交谈。他们可能早就认识，也可能素昧平生。他们聊的话题可能是天下大事，也可能只是家长里短。总之，各种情况都有可能出现。

然后火车开走了，到了下一站，又会重演刚才上一站的所有情景。一批乘客下车了，也会有一批新的乘客再上来。这个场景是不断变化的。当火车开到终点的时候，也就是你所有的谈话完成的时候，你会发现自己不仅仅是读了万卷书，更是真真实实地和所有人一起穿山越岭，行了万里路。

但无奈，现实生活中，这样的火车司机实在太少。

我们更熟悉的状况是，每个人都默默以为，好像生活中也随时有一台摄影机在对着你，随时准备红灯一闪，对你说："三，二，一，开始！"所有人都会莫名感到紧张和焦躁，然后开始伪装、开始争辩、开始沉默。

想想漫步聊天的那一列火车，这个世界上，谁不想登上它呢？在这辆车上，每个人都可以那么舒服，一切都是那么随和、温润、自由。

说话，根本就不是个事儿。

别怕，

我们还有那些招儿

闪亮开场

　　开场，很重要。这个大家都知道。很简单，开场不好，活动就提前结束了。虽然很多人都知道开场的重要性，但能做得好的人却并不多。为了更好地帮助大家，我特意查询了一本民国时期教人说话的书——《演讲术·雄辩术·谈话术》。关于演讲，那本书里提了一个问题：如果你要去演讲，第一件事要做什么？我经常拿这个问题去问别人，有的人说得先在家准备材料，有的人说得选一套得体的衣服……我听到了各种各样不同的答案，却没有一个人答对，因为那本书里说，演讲的第一件事是登台。

　　大家都觉得太搞笑了，怎么听着像个脑筋急转弯？不过再仔细想想，这话说的也没错，你不登台怎么演讲？

这绝对不是抬杠。登台里面大有学问。比如，登台的时候，如果底下的观众开始鼓掌，你是看大家还是不看大家？如果你的演讲有稿子，你是拿在手里让大家看到还是把它藏到兜里，还是提前让人给你放到话筒前面？如果现场没有任何反应，你上来是在那儿踏踏实实地看稿子开始演讲，还是要站在台中间先给大家鞠一躬？总之，登台之后你要面临的问题和选择有很多，你到底应该先做什么？你看，当你开始留心起来，会发现其实每个地方都是学问。坦白来讲，如果你们问我，我也不知道该先干什么。

但是在我听演讲的过程中，很多时候，有一种人一上台就会让我感到不舒服，觉得别扭，甚至有点儿不想听他说了。大多时候，这种人会给人一种高高在上的感觉，让人觉得他不是来跟你交流的，就是来讲给你听的。但那些好的演讲者，却总是会把你当成同行或者内行。说得俗一点儿，让人感觉不舒服的演讲就是这个人一直在鸡同鸭讲，让大家觉得跟他不是一路人；而让人感觉很好的演讲就是这个人给足了你面子，所以你愿意往下听。我认为后者说出来的就是好的开场。

登台之后，接下来该干什么呢？书里又问了这样一个问题。很多人觉得登上台之后自然就开始演讲了，但大家又想错了，书里说第一件事是登台，第二件事是停住，因为你不停住就直接从另一边走下去了，又一个脑筋急转弯。关于停住，书里也讲了不少学问。比如，上台之后你停在哪边？很多人认为应该停中间，但不对，因为中间一般都有一个台子，你站在台子后面的话只能让大家看到半个身子，你得让大家看到你全身。

说实话，我还真没有仔细研究过，这里说的半身和全身有什么区别，但是我有过类似的经历。就是上台之后，我看见中间摆了一个台子，我知道是给我准备的，可是我不愿意直接站到那个台子后面，因为那样就没办法给大家鞠躬了，所以我就走到台子前面先给大家鞠了个躬。

如果不站在中间，就只能选择站在左边或者右边。书里说，我们在演讲的时候都会做手势，如果你是右利手就站在左边，如果你是左利手就站右边，这样你打手势的时候，就有一个很大的空间，不至于打到旁边的柱子之类的东西。这么一看，应该是站在左边的人比较多，因为左撇子毕竟不多嘛。

　　其实这些都只是演讲开始时的一些很小的步骤，但我很佩服这些人，他们能把这些研究得这么细致，怎样上台、站在哪一边，等等。可是，当你把这些都研究透彻了之后，是不是意味着就能有一个好的开场了呢？那也不一定。

　　我大概做过一百次演讲，每次开场之前我都会想该怎么开场，但一直没想出什么具体的方法。其实在我看来，好的开场固然重要，但好的心态也同样重要。所以每次上场之前，我都会把心态调整好，尽量好好跟大家说话，这样大家才能好好听我说话，这是个颠扑不破的真理。比如，你是说相声的，你就得把包袱抖好；你是搞辩论的，你就得把逻辑梳理得缜密。那么，我最主要的特质就是真诚，所以我把真诚的态度表现出来就行了，因为大家实际上并不是特别在乎你的对错。另外，我会尽量调整自己说话的音量，高腔大嗓不太容易赢得别人的好感，所以无论是演讲也好，聊天也好，最好都用正常说话的音量、节奏、态度和方式来进行。

心态调整好了，再能有一个好的开场就更棒了。其实能不能有一个好的开场，要看我们怎么定义。比如，我这个人特别喜欢逗趣，所以我就希望这个开场是有趣味的。

20世纪80年代，上海作家沙叶新写了一个话剧叫《假如我是真的》，这个话剧给我留下了非常深刻的印象。快开演了，大家都进了剧场，坐好了等待开场。演话剧时，一般等到第二遍铃响过之后，大幕拉开，戏就开始了。结果这场话剧，第一遍铃响了，第二遍铃还没响呢，前排忽然乱套了，有一个人被两个警察薅着领子给拽了起来，大家一看，打架了。然后这个人被拽上台，那两个警察说他是个骗子，都干了些什么什么。我们不知道这是在演戏，都以为是真的。这时候，那个被拽上台的人突然说了一句："假如我是真的呢？"这时候大幕拉开，演出正式开始，接下来他就开始讲他是怎么骗人的，后面的剧情随即展开。

有话说

　　这个开场的方式特别巧妙，让大家耳目一新，一下子就把观众抓住了。后来这种方式慢慢开始普及，比如北京人艺的《绝对信号》，以及其他的一些现代戏剧，都开始运用这种进出自由的方式。

　　当时有个话剧给我的印象十分深刻。那是一个小剧场话剧，有六七个演员，但这些演员经常不在台上，而是分散到台下200多个观众里面，每个人单独来跟观众聊天。我记得，当时跟我们聊天的是韩善续老师，他讲的是买带鱼的事情。他说排队去买带鱼，结果轮到他时改卖肥皂了。韩老师说得非常利索，我们也都在那儿听得认真，至于其他几个演员在说什么，我们一点儿也不知道。

　　这个开场当时就把我震住了，那时候我正在上大学，回去以后还一直琢磨，左想右想都觉得特别有意思。它打破了我们一个特别传统的观念，就是演员在台上演，观众在台下看。于无声处戏就开始了，道理就讲给你了，真的特别好。

　　演讲和戏剧的开场，如这般的心思巧妙，自然能抓住观众的心。其实在普通的谈话中，有时候，不太常规的方法也能产生不错的效果。

我见过太多医生了。有一次，因为神经衰弱，连续三天几乎一分钟都没睡着，眼瞅着人就要崩溃了，朋友就带我去看一个特别好的老中医。老中医把前面的病人看完了，下一个就轮到我了。这时候老中医也比较累了，点上一根烟说你抽不抽，我点头说抽，他说过来吧，我摇头说实在走不动了，三天没睡觉都快死了。他又说过来，然后我就走了过去。

他把烟给我的时候，说："我看你这两步走得挺有精神的，三天死不了。"

你瞧，打开谈话的锁头对他来说就特别简单。

最后我还想说一点，一个好的开场必然是建立在你的演讲内容要言之有物的基础上的。也就是说，你必须真有态度或者真有观点想和大家交流，这样才会让人有所期

待。如果你只是糊弄，只想混个脸熟，那么再好的开场都
救不了你。

　　有一次我去对外经贸大学主持冯仑的新书发布会。
上场之前，学生会主席过来跟我说，一会儿他先出去报一
下幕，说今天请来的主持人是崔永元，然后让大家鼓掌欢
迎我出去。我觉得他的思维陷在了一个定式里，好像我们
这些经常抛头露面的人都特别在乎这个，如果上台没人鼓
掌下半辈子就没法活了。我就告诉他说："不用这么做，
因为今天的主角是冯仑，不是崔永元，我不需要这个掌
声。"说完我就自己溜溜达达地上去了，一直到我在讲台
后面站稳了，下面的观众才看清是我，然后开始鼓掌。大
家还是很给面子的，掌声很热烈。

　　然后我说："希望大家可以稍微冷静一下，鼓掌的声
音不要这么热烈，因为今天我不是主角，今天的主角是冯
仑先生。我一上来，你们这么使劲地鼓掌，待会儿冯仑上
来怎么办？你们只能呼喊了。"说到这儿，我就大声说：
"有请冯仑先生！"这时候冯仑走了出来，结果台下的大

学生们就像疯了一样，又是鼓掌又是喊，气氛一下子就调动起来了。

有了一个这样好的开场之后，接下来大家更想知道冯仑会谈些什么，我觉得这个很重要。对于大学生来说，最难的就是就业。所以，我觉得这一点应该让他好好讲一讲。后来，整场谈话，冯仑都是围绕着就业和创业这两个话题展开的，说了很多，底下的大学生也听得十分入迷，掌声不断。

所以你看，一个好的开场，你得有态度，得把心态调整好；你还得有趣味，让大家感觉脱离了俗套，这样大家才有兴趣往下听；最重要的，你得有内容，不能言之无物。在这些基础上，如果你能一开始就把大家的情绪调动起来，那就真的完美了。

防火通道

与平时闲来聊天不同，职业主持人有许多顾忌。比如，大多数主持人都无法接受把话掉地上。这当然是一个形象的说法，其实就是不能接受任何尴尬的空场，一定要迅速把话捡起来。比如，主持人有时候会遇到一定要提问的情况，但是好像又不是真的想知道什么。再比如，当你不知道用什么好的新奇的办法开场的时候，不知道怎么把谈话继续下去的时候……

防火通道，就该上场了。

由此可知，谈话中的"防火通道"和生活中真实的那条路一样，也是应急的。"您现在有什么感想？""您现在心情怎么样？""您现在还有什么要跟大家说？"等，类似这种开放式的问题或语言，在普通人听来都是废话，但对我们主持人来说，这就是防火通道。

记得有一年主持"春晚"，导演组把我排在主持人发言顺序的第四个。按照习惯，第一个人说一句，第二个人接一句，第三个人的整体气势就要扬起来，而第四个人则必须喊出来："让我们为了实现四个现代化的……"关键是我实在不行，我实在是喊不上去。这么有劲儿的一段台词，怎么能到我这里没劲儿呢？我赶紧告诉导演，说我只能说第三句。结果一试，还是有那么点儿不舒服，主要还是语势上扬得不够。我想了想还是说第四句吧，只是我并不认为第四句就一定要按现在的逻辑走。每到最后必须声嘶力竭，这样的思维定式就很像防火通道。我们为什么不能试试正常语调呢？既然可以说：春天来了，让我们去寻找大自然的芳香吧；那为什么不可以说：春天来了，我们就这样牵着爱人的手，一起走进花丛，听听鸟语，闻闻花香，生活本身的样子就很美啊？

内行人都知道，电视直播的时候特别容易出现突发情况，但因为有防火通道，所以观众在看电视的时候基本感受不到有什么不对，一切都很自然。不过，对于直播主持人来说，这却是一场巨大的考验，在这之前我们都要经受残酷的训练。比如，你正在直播，突然耳机里的人告诉你，连线断了，不知道什么时候才能接上，这时候你必须像什么事都没发生一样，继续把内容衔接上。过一会儿，耳机里告诉你5秒钟以后就能接通，但是你刚引入5秒，告诉你又断了。这时候你还要继续，不能中断，而且不能让观众觉得是废话，觉得你说得没意思，必须还得在这个框架之内，而且必须是一种准备得非常充分，甚至是有料可爆的有话可说。所以，上面提到的那些开放性的问题或语言虽然也能应急，但如果经常使用，就会被观众看出破绽，大大影响节目的效果。

那么，怎样才能在需要救场的时候尽量不去问那些开放性的问题呢？敬一丹大姐教过我们一个练习方法。她告诉我们，要把这些看上去就是废话的问题列为不能提的问题，然后在心里告诉自己无论什么情况下都不能提，而且要在意识里反复强调这件事。这样一来，当我们到了现场的时候，心里就会绷着一根弦，知道这些问题不能问。这种情况下，我们就会强迫自己去想新的问题、新的方法。这个练习方法实际上就是在强迫我们去做语言定式和思维定式上的改变。

刚开始，这个方法的确挺管用，但是当我们研究透了以后发现，这是个挺矛盾的事情，一方面不让提，一方面脑子里又总在想这些问题，天人交战很痛苦。后来我琢磨明白了，其实有时候这些开放性问题不一定不能问，只要能问得恰到好处就行。同时，在用这个防火通道的时候，你心里也得知道这是一种很糟糕的状态，不能停留太久。

前面提到的防火通道，主要是针对电视直播的时候出现状况所采取的方法。有人可能会说，我们只是普通人，电视直播离我们太遥远了，所以我们应该是用不到防火通道的。其实不然，防火通道人人需要。

当我们和不熟悉的人初次谈话的时候，防火通道就可以被用来寻找共同话题，以此来增进对彼此的认知。举个例子，假如你发现一个陌生领域的商业项目，经过初步了解后觉得不错，那么下一步就可以去找相关企业的老板进行洽谈了。这时候你对项目的了解十分有限，那么就可以先问一下这位老板是怎样看待这个行业的，他的创业经历是怎样的，他又有什么独特的运营模式，等等。只要你是带着一颗诚心去谈，然后在语言上再适当地运用一下防火通道，那么就可以成功打开对方的话匣子，等你通过他的讲述了解了更多有关项目的情况之后，相信你们一定能相谈甚欢，从而提高这次商业洽谈的成功率。

有时候防火通道并不一定非要用语言的形式来表现，遇到特殊的情况，还可以用特殊的方式来表现。

中国古话特别奇怪，鼓励你多说话的时候，有一整套的顺口溜，一大堆四字成语。不想让你说话的时候，也是一样。"沉默是金"大家都不陌生，下面我要说的特殊方式就跟这四个字有关。

《锵锵三人行》相信很多人都看过，不少人也挺喜欢窦文涛的主持风格。不过在我看来，窦文涛就是个话痨，说起来总是没完没了，尤其在节目早期。不过，现在他进步很多了，他的进步就在于他不再那么滔滔不绝，而是把说话的机会更多地留给了请来的嘉宾。

虽然现在窦文涛说得不那么多了，但是他却把说起来没完没了这个问题传染给了他请来的嘉宾。比如在节目中，当他把话语权交给另一个人之后，那个人也开始停不下来了，有时候是不想停，有时候是不敢停。因为当他想结束话题的时候，可能刚好看见窦文涛在喝水，或者在走神，他觉得停了就没有人接他的话了，所以只能继续说。另外，他说的肯定是他擅长的那个领域的话题，别人可能不了解，也可能不理解，自然也插不上嘴，所以他也不能停。

结果我们就会看到一幕一幕的这种尴尬，也会看到后期剪辑的时候咔嚓咔嚓地剪。说到这儿，"沉默是金"该上场了。我们可以先来想象一下，比如几个人正在谈话的时候，可能某个话题结束了，这时候大家都不说话了，在下一个话题开始之前可能会空白几分钟，你们觉得这样有问题吗？我觉得没问题，而且觉得这样挺好，没了声音有时候也很美。

经典的电影里总有这样的场景，比如《拯救大兵瑞恩》，诺曼底登陆的时候，爆炸声音巨大，如果你是在电影院看这部电影，而且那家电影院音响效果又特别棒的话，估计看到这个片段你的耳膜会受到很大刺激。但突然间，画面中所有的声音都消失了，当然这不是电影院的播放出了事故，而是这段电影镜头就是无声的，为的就是表现出人被震聋了的感觉。虽然没有声音，但这时候画面上仍然是弹雨横飞，这种感觉是不是特别棒，是不是有一种史诗级的感觉？于无声处听惊雷。所以，有时候没有声音也会很美，艺术作品给我们强化了这个特质。

所以，当几个人在一处聊天，说着说着觉得没话可说了，甚至就是不想再说了的时候，那就不妨安静下来喝点水，或者默默地待一会儿。但有的人就是不想留这种空隙，就是要塞满。可是当你为了满而满的时候，你塞的那些话很可能是言之无物的，而且没什么规律可言，也没有什么感情投入，谁听了这些话会不反感呢？所以，记住这一点，有时候，沉默是金。

可是，作为职业说话人或者一场谈话的组织者，有的人是不敢留白的，觉得那样就会变成播出事件，或者就会出现冷场。其实并没有大家想的那么严重，如果遇到这些情况，我教大家一个技巧。

我原来跟一个女主持人临时搭档过一次，上半场结束后我觉得她特别累，因为她停不下来。我语速比较慢，说的话也不太多，轮到她的时候，她通常会说半天。一开始我有点蒙，不知道她为什么有那么多话要说，但也不能打断她。等到下半场的时候，我就开始听她到底都说了些什么，结果我发现，她说的那些话大多没什么意义，基本可以不说。比如，有时候现场需要上一个背景板，我们俩完全可以站在一边，等到背景板拿上来之后再接着说，可是她就是不想把这十几秒或半分钟空着，一定要积极努力地把它填满。后来我实在忍不住了，到台下我跟她说，其实这一段可以空着，她说她从来没空过，我让她从下一次开始试一下，虽然有点难 但也要坚持下去。看她面露难色，我就又跟她说了一个方法：不做大面积的描述，要描述个体。

我给她举了个例子，还是跟刚才搬背景板的时候她说的话有关。刚才她是这么说的："我看到台下的观众都特别快乐，每个人对我们谈的话题都特别有兴趣，每个人都踊跃地举手，从这个欢快的场面来看，我们邀请这位嘉宾来参加这场欢聚一堂的节目是非常正确的。"我跟她说，这种大面积的描述很缺乏诚意，让人听着不舒服，如果你真想描述观众们都很快乐这件事，你可以描述某个人。比如你可以这么说："最后一排穿着红毛衣的小姑娘，我看你从头到尾都在乐，但我觉得你这么高兴不一定跟我们的节目有关，肯定是你考试成绩特别好，妈妈答应要带你出国旅游了。"或者你看见前排有一个大爷也很高兴，你就可以说："前排那个笑得特别开心的大爷，我觉得你们家肯定特有钱，因为您镶的是金牙。"这么说既可以把时间填满，大家也会觉得很有趣儿。

虽然我教给了她这个方法，但最后我还是告诉她说，你可以说穿红毛衣的小姑娘，也可以说镶金牙的大爷，但最好的办法是，你什么都不说，安安静静地站着就行了。

对于我们绝大多数人来说，对话都是日常进行的，所以不仅可以有这种空白，而且时间稍微长一点儿也没关系。不说话的时候，喝喝茶，看看窗外，给猫挠挠痒痒，我觉得这些都不会让对方感到尴尬，反而会让人觉得很舒服。因为顺其自然的，都是让人舒服的。

发生火灾时，楼梯虽然是首选，却不是唯一的防火通道。如果楼梯里浓烟滚滚，加之楼层又不高的话，把床单接在一起顺着窗户爬下去也是一种逃生方法。说话也是一样，防火通道不止一种，你可以恰到好处地提一些开放性的问题，也可以绞尽脑汁想到更好的话题，还可以抓住一个人开个恰到好处的玩笑。当然，你还可以选择安静下来，就静静的，什么都不说，让空白和无声填满这段空隙，一切就已经非常美好。

有话说

我想起了一则关于数学家的笑话，思维极度理性的他们总是会把所有的未知条件转化为已知条件，所以如果你先问："房子着火怎么办？"他们会回答："灭火。"但如果你再问："如果房子没有着火呢？"他们会回答："那就先把房子点着，然后灭火。"

仔细想想，防火通道就在那儿，如果我们滥用，是不是就有点儿像这则笑话中的数学家了？

鲜活，鲜活

一个主持人要是不想死，就得把话说活。对于你而言，虽然没有这么夸张，但一定也有想要把话说得好听的愿望。

这里的活，就是鲜活。说出来的话要像自己长了脚似的，径直往对方脑子里面钻，不但要钻进去，还要不肯出来。回想一下那些让我们印象深刻的语言和说话的人，是不是发现真的是这样的道理？

"嗒嘀嗒，嗒嘀嗒，小喇叭开始广播啦……"对于20世纪六七十年代出生的人来说，这个声音应该不陌生，这是那个时代最火的儿童广播节目《小喇叭》的开场曲。

有话说

《小喇叭》伴随了几代人的成长，我从小就是听着这个广播节目长大的。

《小喇叭》里，我最喜欢的是"故事爷爷"孙敬修讲故事的版块。那时候，每到晚上8点，大院里所有的小孩都会端坐在收音机前，就是为了听孙敬修爷爷讲故事。当时我听他讲的《西游记》简直如痴如醉，半个小时眨眼就过去了，怎么听都听不够。我那时就在想，孙爷爷怎么讲得这么好听，他真是太厉害了。

长大后，当我自己也成为一个以说话为职业的主持人之后，我开始从更深的角度思考这个问题：为什么孙敬修讲的故事那么受欢迎？当然，这跟那个时代匮乏的广播节目不无关系，但是更重要的，我觉得是因为他讲得太生动、太鲜活了，故事里的每个角色在他嘴里都是活灵活现的，小朋友们仿佛身临其境，自己就变成了故事里的美猴王。

所以，当很多人在探讨说话有什么技巧、怎样做才能吸引人的时候，我觉得把话说得生动、鲜活本身就是一种技巧，而且是很高超的技巧。那么，生动、鲜活的语言技巧又从哪儿来呢？细节就是关键。孙敬修为什么把《西游记》讲得那么好，那是提前做足了功课的，不仅要阅读原著和大量的同类出版物，还要根据孩子的喜好把故事改编好，最后才呈现出节目最精彩的样子。

很早之前，我采访过一个矿工叫杭平。当时矿井发生了安全事故，他在井下被埋了33天13个小时，十几个弟兄都死了，只有他一个人活了下来。33天13个小时，一个人究竟是靠什么撑下来的？

采访他的时候我觉得很艰难，他性格比较温和，不怎么爱说话，几乎是你问一句，他答一句，有时候你问两句，他也只回答一句。

我和现场的医生说，他应该是我遇到的最难采访的对象。

医生说："幸亏他是这个脾气秉性，要不然他在井下根本活不了近34天。像你崔永元这样的，肯定喊有人吗，有人吗。没人，咣！就撞墙了！"

后来我抛弃了任何技巧和预设主题，直接问杭平："为什么你可以在井下坚持近34天，究竟是什么信念在支撑着你？"

他说："我父亲在井上面等着我呢。"

就这一句，特别打动我。

《林海雪原》里最经典的桥段非智取威虎山莫属，"天王盖地虎，宝塔镇河妖"，杨子荣的这两句台词可谓家喻户晓。在后来改编的京剧和电影里，杨子荣基本上都是用黑话来跟土匪们过招的。其实，真实的杨子荣口才更是了得。那时候小分队去剿灭一个400多人的土匪组织，打到山门了，对方要求谈判，杨子荣一个人进去了，枪都没带。到了里面，他开始给那些土匪讲利弊，说："要打可以，我们的炮和机枪都在外面；不打也可以，你们愿意留下的就留下，不愿意留下的可以让你们走。"最后，杨子荣把那些土匪都说服了，一个也没走，一枪未打就结束了战斗。

现在都在提倡宣传英雄文化、红色文化，我对此非常支持，但同时我也有点儿着急，因为他们讲的故事都不够鲜活。其实这些英雄原型的故事要比电影里演的还精彩，比如东北抗日联军总司令杨靖宇的故事。

很多人都知道，日本人打死杨靖宇后，剖开他的胃，发现里面都是草根、树皮和棉絮，所以日本人都觉得他实在太了不起了。但实际上，故事的真实情况比这还要惊心动魄。

当时杨靖宇的部队就剩杨靖宇一个人，他往山下走，正好碰到一个老乡上来打柴。杨靖宇很警觉，趴在那儿不动了，僵持了一会儿他看清对方是个老乡，就放松警惕走了过去。他给这个老乡钱，让他给自己买点吃的，这个老乡问他是不是抗联的人，他说是。这老乡就劝他投降，杨靖宇皱着眉头想了想，接下来他说了这样一句话："老乡，咱们要是都投降了，中国就没了。"

然后他就坚持让老乡给他去买吃的，这个老乡见说不动他，只好拿着钱下山了。

下山之后，这个老乡就主动过去跟日本人说山上还有一个抗联的人。日本人问那个人什么样，老乡就描述说，那个人个子很高。这一下，所有人都知道那肯定就是杨靖宇了。于是，日本人和那些抗联的叛徒就顺着老乡指的路追了过去，最后把杨靖宇围到一棵树底下。抗联的叛徒就一直劝他一起投降。可是杨靖宇一句话也不说，其中一个叛徒抬手打了他一枪，日本人又逼着其他叛徒一起朝他开枪，杨靖宇就这么牺牲了。所以，真实的情况是，杨靖宇不是被日本人打死的，而是被叛徒们打死的。

故事很精彩，但让我感动的是杨靖宇对老乡说的那句话："咱们要是都投降了，中国就没了。"其实我们听那么多故事，无论情节多么波澜壮阔，能够打动我们的也就一两句。杨靖宇说的这句话，现在听起来都会让我感到心潮澎湃。

我觉得我们应该把这些鲜活生动的好故事挖掘出来，用许多不为人知的细节，生动地讲给年轻人听。我希望通过我们的讲述，让他们知道那些英雄都是立体的人。假如他们生活在现在，他在班里是体育课代表，会是好样的；他是学校足球队的先锋，也会是好样的。这样的人，我们没有理由不喜欢、不崇敬。

前段时间萧军的孙子萧大忠想找我拍个戏，他想把萧军的《八月的乡村》和萧红的《生死场》这两部小说融合在一起，新创作一个剧本，描写抗战的故事。他把这个想法说了之后，我们就探讨应该怎么改才更好。他走了之后，我就把所有关于萧军的书都找了出来。

萧军的小说里经常出现这样一类人物——土匪。这些土匪形象集中代表了萧军对于英雄的认识。当然，说土匪这一形象是萧军小说中特有的并不准确，因为在同一时期，东北作家中写过土匪的人有很多，比如端木蕻良的《科尔沁旗草原》和《遥远的风砂》，比如舒群的《誓言》和骆宾基的《边陲线上》，等等。但是，能够生动细致地刻画出东北土匪群像的则非萧军莫属了。

萧军之所以对土匪这一形象如此偏爱，跟他的亲二叔就是土匪有很大关系。我在翻看萧军的这些小说的时候，发现了他的长篇小说《第三代》，书中塑造的土匪刘元身上就可以看到萧军二叔的影子。书中描写刘元是个小白脸，戴着眼镜，很有文化的样子，但人却特别狠。因为老出去赌钱，后来还不了赌债，直接上山占了个山头当了土匪，很厉害。书中还写了另外两个人，这俩人是兄弟，在家里总打架，打起来就直接操菜刀。打完之后两人头上都是血，这时候，他们的妹妹端着菜进屋了，就说你们打什么呀，赶紧坐下吃饭。结果两人头上脸上的血都顾不得擦，就直接坐那儿倒上酒，一碰杯，开始吃饭，就像什么事儿都没发生一样。

后来，我把这些情节跟萧大忠说了，他都听傻了。我说你看，这情节多棒啊，比你选的那两本小说都精彩多了。这种有血性的人要是合起来打日本人，你想想得是啥效果？所以我想把这本小说拍成电影，拍到日本人没来之前，就拍这些人在做准备，等着日本人来的时候怎么跟他们干。其实小说里并没有写这些人最后跟日本人是怎么对峙的，却写出了那股劲儿，这种生动和鲜活就足以打动你。

所以，我们一直在讲谈话技巧，其实无论是往前一步，还是往后一步，也不管这里面有多少技巧，如果你能把它变成真诚的表达，让别人听起来情真意切，那么大家就听得进去，并且愿意接受。

再讲一个故事，欧阳自远是登月工程的总工程师，我听过他的演讲，特别有趣。比如有一次演讲的时候他说，他们在实验的时候，知道爆炸压力能产生钻石，所以就提前往里放了石英。爆炸结束以后，他们穿着防辐射的衣服进去，然后发现那个钻石真的非常漂亮，比市场上卖的漂亮不知多少倍。我问他为什么不拿出来，他说不能拿出来，因为有辐射。还说，这只是他们在枯燥的科研中找的一点小乐趣，并没有把这个当回事儿，因为他们实验并不是为了这个。童心未泯，令人羡慕。

后来他又说，当时美国总统访华的时候送给咱们国家一件珍贵的礼物，就是月球上的一块土。当时国家就把这块土交给了他们这个团队，他们就开始研究这块土的成分，研究好之后，把研究报告交给了美国。当时中国人真傻，也不知道留点儿心眼，结果美国人一看惊呆了，说中国人用那么简陋的仪器居然能研究得这么清楚，所以再不敢给什么东西了。欧阳自远说："后来我们也学明白了，不能表现得太聪明，要不然人家就啥也不给咱们了。"

现在回想起他那次演讲，主题是什么我早忘了，但他说的钻石和月球土这两件事却一直让我记忆犹新。因为他说这些的时候，没把台下的观众当外人，就像在跟内行人聊天一样，既生动有趣，又亲切自然。

细细想来，我们说过，当你没有办法的时候，真诚就非常有效。现在，当你希望引起共鸣的时候，鲜活就能打动人心。说话这件事儿，挺简单，千万别想复杂了，不需要像舞台剧一样字斟句酌、抑扬顿挫，也不用像文学著作一样多在乎前情铺垫和起承转合，就是用最生活化的方式讲述最真实的生活。

现代人生活都忙，可如果你总说自己忙忙忙，那到底是多忙呢？突然，一个不如你忙的人说了一句：真是脚后跟踢后脑勺。我吧，就会觉得这个人比你忙，而且还不只是忙那么一点儿。

现在是你的主场

虽说不是人人都是主持人，不需要灯光、舞台齐备，导演、摄像齐全，但是谁说离了舞台大家就不需要说话了？回到生活，谁还没有个需要你掌控全局或者是哪怕发个言、做个决定的时候？如果你硬要说没有，我还真不信，安娜也不信。

讲个相对轻松的话题：足球。虽然中国足球差强人意，但我对足球还是比较感兴趣的，因为世界上还有很多其他国家的足球队，他们踢得还是相当不错的。像内马尔、C罗这样的球星，他们的控球技术都相当了得，从后场传到前场通常有几十米的距离，但他们却总能把球稳稳地控制在自己脚下一两尺的距离。但有些技术不过关的前锋，当后卫给他传球的时候，他一停可能停出几米开外，这时候他就要跟对方进攻或防守的球员去抢球，这个球最后归谁就不得而知了。这样一来就会拖延进攻，尤其是在打快速反击的时候，会让球队失去一个又一个好机会。所以，控球能力在足球比赛中是非常重要的，关乎成败。

这种控球能力转换到日常生活中就是控场力，它在生活中几乎是无处不在的，只不过有时候我们没有意识到。我小时候，北京的饭馆还比较少，到了饭点，几乎家家爆满。所以，当你去下馆子的时候，身后总有人在等着你的座位，而且还不是一拨、两拨，有时候甚至是三拨。那些人在等的时候可不是规规矩矩地站着，有时候会扶着你的椅子背，有时候会把脚伸到你坐的椅子的横轴上。这时候，你还敢吃完饭点一根烟跟人聊聊青春？可能最后一个饺子还在嘴里嚼着呢，你就得站起来让座了，而且你还得小心，因为那几拨人抢座位时很有可能伤到你。当然，今天这样的局面你是再也见不到了。不是说生意萧条，而是你去吃饭，如果遇到人多排上号，老板一定会事先安排好，在门口安置几套桌椅，然后放几盘花生、瓜子、水果，让你坐在那儿边吃边等，再也不会出现有人踢你桌子、有人拽你的椅子这种事了。这就是控场力。

作为主持人，毫无疑问，在主持节目的时候是需要控场力的。无论是谈话节目，还是娱乐节目，主持人的控场力必须时刻在线，到场嘉宾谁先发言，谁后发言，其他环节怎么设置，等等，这些如果不安排好，场面早乱成一锅粥了。

我记得当时在上海做《东方眼》的时候，有一期节目是罢工司机和交通疏导者之间的对话。我要对他们双方分别进行采访，了解他们各自的情况。当时节目的整个时长是21分钟，最多只能延长30秒。也就是说，必须在21分30秒之内完成所有采访。因为是现场采访，所以不能彩排，也不能告诉每个受访者"你只能说两分钟"，完全要靠我自己控制，而这种控制也不是告诉受访者"你说快点啊，时间不够了"或者"你先停下，让他先说，因为没时间了"。当时这个场面真是让我有点焦头烂额，稍有不慎，后果就不堪设想。好在我有惊无险挺过去了，不仅让所有受访者都在规定时间内清楚地表达了自己的想法，最后时间也控制得刚刚好，到21分钟的时候正好结束，最后给自己留下30秒，做了一个小小的总结。

可能很多人会想，主持节目离我们太遥远了，我们又不是主持人，我们想知道的是，在生活中的一些情境中需要控场力吗？当然需要。其实，生活中我们每个人都是主持人，并不是说只有在电视上或舞台上主持节目的才是主持人。因为我们每个人每天都要主持一场又一场的交流和谈话，这些交流和谈话就是我们日常的工作和生活。

所以，虽然我们可能没有真正的主持人的那种技巧，但当我们能够以主持人的心态去面对每一场谈话，那么哪怕是一场同学聚会，我们也可以把它安排得井井有条、人人满意。

参加同学聚会，大多数人是想从同学身上找回自己年少时的影子，互相感慨唏嘘一番。当然也有心怀鬼胎的，想再见一见当初暗恋的班花，想知道当年的校草现在过得怎么样。这些都是人之常情，无可厚非。

只是参加同学聚会后，你会发现，成为聚会焦点的有时候并不是原来的班花、校草，或者是常年霸占年级成绩第一的眼镜学霸，而是那些能说会道、把同学聚会搞得热闹非常且秩序井然的人。这个人可能原来在班级里是最淘气的那个，也可能是学习成绩总垫底的那个，但这些都不会影响他成为这场谈话的组织者和引导者，因为他在心里把这场同学会当成了自己的主场。

这种人就是有控场力的人。一般来说，能够成为控场的人要具备以下三个条件。第一，要有自信，没有自信也不能从众多同学中脱颖而出。第二，要有逻辑，比如安排老师先发言，再让班长组织大家集体照相，然后大家一起吃饭。正是因为有了这样一个逻辑在，组织起来才有底。第三，也是很重要的一点，要会控制节奏。聚会进行到各个环节，需要谁出来说几句了，需要向老师敬杯酒了，需要大家来讲几个笑话了，以及聚会结束后谁送老师回家、谁送喝多的同学回家、谁搭谁的车回家，都必须安排得妥妥当当。

所以，靠说话为业这么多年，关于怎么控场我能告诉大家的技巧还真不少，我大概总结了一下，主要包括四个诀窍、两个原则和一个根本点。我先来说说这四个诀窍。

第一个诀窍：谈话要有质量。

说到这个问题，我还是以同学聚会为例。比如，我们今天这场同学聚会的目的如果是来看望老师，那么一切就要以老师为中心。即使同学们中有人混成了上市公司的老总，或者当上了政府的高官，那么他们也要靠边站一站，不能耽误来看老师这件事。这时候，大家谈的主题就应该围绕在老师当年的教导上面，几十年没见了，大家都长大了，可以说一些小时候特别好玩的事情。我记得有一年我们小学同学聚会的主题就是这个，所以当时大家都说了很多小时候跟老师发生的一些趣事。我记得当时我跟老师说，上课的时候我还从后门逃跑过呢，老师听了很惊讶，说他压根儿不知道这事儿。当时我们的教室特别大，前面后面都有门，有时候我听课听得犯困，就会偷偷从后门溜出去玩一会儿。老师听了这话就说："我那时候怎么没发现你这么淘气啊。"大家听了也都觉得很好笑，也都纷纷开始回忆自己当年干的一些坏事，只为博得老师一笑。在这样的气氛里，大家聊得非常轻松愉快。

有时候，我们聚会除了要跟老师、同学叙叙旧以外，可能还会有一些特别的目的，这时候，谈话质量的好坏也关乎着这个目的是否能达到。比如，在同学聚会的时候，大家说到了现在社会比较乱这件事，人和人之间很难相互信任，于是有人就提议说，同学们一起做一家公司，大家都入股，从小一起长大，一个老师教出来的，起码不会有坑蒙拐骗。如果一个好的谈话组织者，也就是一个能够控场的人，这时候会怎么做呢？他不会像其他人一样脑子一热，就把这事儿拍板了，至于接下来怎么做一点儿概念都没有。他会在同学中发掘可以管理公司的人，比如得找一个对公司法、税法、会计法都有一定了解的人，还得找一个懂市场的人。当然，如果有手里有现成的生意可以跟同学们一起分享的人自然更好。把这些问题都调剂好了，才有可能达到最初的目的。

第二个诀窍：善于总结。

其实生活中，主持这个行业离大多数人都比较远，即使参加同学聚会，一年也就一两次，谁也不能把同学会当成日子来过不是？所以大多数的人在一起谈话，可能跟主持节目无关，跟同学聚会也无关，就是几个人坐在一起聊聊天、喝喝茶、吃吃饭。那么这种时候谈些什么呢？这个问题的确有点难。我也经常参加这样的聚会，没有主题，可能就是几个人想尝尝一种茶好不好喝，可能有个人会带来一把古琴弹一弹，大家基本也听不懂，然后大家还会在一起吹吹牛。聚会结束的时候，有的人会说，这是一个难忘的夜晚，多半是违心的；有的人则会说下次再也不来。其实，从一个职业说话人的角度来看，我觉得这场聚会的组织者在控制谈话这方面是有所欠缺的，所以才会导致大家产生了不好的感受。

所以，当你组织一场漫无目的的清谈会的时候，就要提前观察和了解每一个人，他们喜欢什么、不喜欢什么。尽量不要把在某个问题或某个立场上意见相左的人召集到一起，否则你的聚会很可能会变得争执不断，甚至发展成不良事件。如果不小心把一些意见相左的人同时邀请来了，你也得有办法控制住场面，比如，你可以制定一个规则，规定这次聚会"只谈风月，不谈风云"，大家都在社会上混了这么多年，面对规则一般都不会越线，毕竟一方面要给主人留面子，一方面也要顾及自己的面子。

当然，牛人有很多，有的人就是会把一些观点不同的人邀请到一起，他会给每个人充分表达自己观点的机会，即使最后闲聊演变成辩论也没关系，因为他会驾驭语言，会控制场面。当然，能做到这个级别的人并不多。

看到这里，有人可能会说，你刚才说了这么多，好像没太说清楚总结跟控场力之间的必然关系。这个问题就在于你的理解了。其实刚才我在讲这个技巧的时候，就已经在运用这个技巧了，就是说几句总结一下，而总结的目的就是控场。只不过，你可能还没意识到而已。

第三个诀窍：一招鲜——主客。

控场的时候，我们大概会遇到以下几种情况：场面太冷，没人愿意说话；场面太热，热得快要打起来了；场面先冷后热；场面先热后冷；场面忽冷忽热。这些场面一个比一个难解决，但我却可以告诉大家一个办法，可以把这些问题一下子都解决，正所谓"一招鲜，吃遍天"，我要说的这一招鲜就是——主客。

当你组织的一场谈话出现了以上几种情况的时候，你要记住一点，你是主人，其他人都是客人。作为主人，你永远有主动的发言权。比如，这时候你可以说，咱们换个地方，到楼下喝点冰啤酒吧，其实就是找个借口，让大家从这些尴尬的处境里解脱出来。如果这话是别人说出来的，可能大家不会在意，但你是主人，你这样说了，大家都会给你这个面子。

老舍的《茶馆》里有一个人叫黄胖子，他从事的是过去老北京的一个职业，就是给人说和的。黄胖子一出场，就会说："各位，各位，都看我的，有我黄胖子，怎么也打不起来，都看我的了！"他解决的大多是一些东家长西家短的邻里矛盾，因为他在那一片也算是个有头有脸的人物，大家多少都会给他一点面子，所以他一去说和，矛盾基本就解决了，然后他会在中间收取双方的一点好处。黄胖子就是那种自带主客气场的人，能够控得住场。

　　第四个诀窍：若即若离。

　　这个方法跟前面的主客有点关联。黄胖子这样的人，主要是为了帮助别人解决矛盾的，说和是需要技巧的，这个跟媒婆有点像。张家小伙看上李家姑娘了，不能私下谈，谈可能也谈不成，得找个媒婆去帮着双方说好话，媒婆一掺和这事就成了，所以叫明媒正娶。这是在古时候、旧时代，不过现代这种'媒人'也有很多，比如遍布大街小巷的房产中介公司。

　　卖房子、买房子，现在都得找中介公司，中介公司在中间牵线搭桥一撮合，这房子就成交了。这个也是需要技巧的，但我发现现在有些中介公司的人在这方面真是欠缺很多。比如，有人想买房子，告诉中介帮忙找找适合的房源，结果不管是早上、晚上还是深更半夜，中介会不间断地给买房的人发房源的信息，有时候一下子会发好几十条。我觉得这样的中介就是没受过职业训练的，说白了就是控场力不行。这时候作为中介应该若即若离，当客户需要的时候，要有各种房源供他选择；当客户不需要的时候，从来不去打扰。

要想拥有控场力，除了上面我说的诀窍以外，其实还有两个原则非常重要。第一个原则：要成事，不要拆桥；第二个原则：要与人为善。可以说，这两个原则的重要程度是凌驾在那些诀窍之上的。如果你成天想着拆这个人的台，给那个人使坏，那么大家就会质疑你的人品，人品有问题自然就会失去公信力，没有公信力谁还会给你面子，你还能控得了谁的场呢？

最后一点，就是我说的一个根本。刚才提到主客的时候我讲了，遇到了场面太冷、太热或者忽冷忽热的时候怎么办。其实，除了主客这个解决办法以外，我还想告诉大家一个办法，就一句话——就这样。真实的生活就是这样的。有的人就是喜欢热闹，受不了冷场；有的人就是喜欢安静，受不了喧哗。作为一个控场的人，你可以调整，比如用主客那一招尽量让大家满意；如果你调整不了，那么你就可以告诉每一个到场的人：赤橙黄绿青蓝紫才是生活的真实面目，生活就是这样，谁又能说它不美呢!

幽默：都是逻辑在作怪

幽默这个事儿，我比较在行，以至于现在很多人一看见我就开始笑，我甚至都还没有开口说话。我也不好问他们笑什么，万一他们说觉得我很好笑，我就又要多想，睡不着觉了。

大家都不约而同地希望我讲幽默。大家的心理我明白，肯定是觉得：小崔这人逻辑力差，讲话很混乱，所以好笑。但是我逻辑力强，讲话特别有条理，是不是就学不会幽默啊？我觉得你挺幽默。

说实话，幽默讲起来要比逻辑难多了。不过，它们之间是存在互通性的。因为幽默就是在逻辑上出现的事儿，当逻辑不对的时候，一个简单的事情就会变成幽默了。

我记得当时做《谢天谢地，你来啦》的时候，为了磨本子，我们每天都得弄到半夜，有时候还会弄到天亮，创作得十分辛苦，好在节目出来以后效果还不错。这个节目就好玩在，每一期请来的演员事先都不知道他要面对的是什么状况，总之他一推开门，里面就会有一个人说："谢天谢地，你可来了啊！"然后他就稀里糊涂地参与到这个情境当中。观众主要看的就是这个人的即兴反应，所以就会有很多笑点出来。

我们的编导们认为，刚开始一定要闹起来才好，这样才有节目效果。所以一开始我们是这样设定的，推门进去之后，有人说："谢天谢地，你可来了，来，跳起来吧！"然后来的这个嘉宾就会跟大家一起跳起来。配戏的这些演员都是事先排练好的，所以跳得特别整齐，但请来的这个嘉宾他都不知道跳什么，只能左看看、右看看，然后就跟着跳。我们的意图就是要把他的包袱甩掉，要让他露一个怯，这样才好玩，观众才会笑。

有话说

大概做了一个月之后，我发现效果好像并没有想象中的好，所以就提议换一种形式。我们做这个节目是在讲一个真实的故事，可以让嘉宾唱歌跳舞，没有问题，但是得有个缘由吧，一进来就"咱们跳起来吧"，然后就没人理了，那不行。跳完了之后一定要交代为什么跳，哪怕让嘉宾说为什么跳，把这个包袱扔给他，考验他也行，总之要有个依据。

说这些我是想告诉大家，幽默一定是有一个正常的逻辑在里面的，不是说没有正常的逻辑，上来就是歪的，所以它可笑。滑稽可以那样，但幽默不行。也就是说，幽默是在逻辑推演过程中出现了失误，出现了问题。

所以，要幽默，就要先对后错。如果开始就错，一错再错，那是胡来。胡来一般是不好笑的。

我以前看过一个段子，特别好玩。有三个小孩去糖果店买糖，第一个小孩说要买一便士的黑糖。因为黑糖罐子放在比较高的货架上面，所以店老板就把梯子搬过来爬了上去，在那个罐子里给他舀了一便士的黑糖。下来之后他又问第二个小孩子要买什么，第二个小孩说他也要买一便士的黑糖。结果这个老板只好又去爬梯子，爬到一半他突然想起来什么，就问第三个小孩："你不会也是要买一便士黑糖吧？"那个小孩说：'不是。"于是店老板就爬上去了，舀了一便士的黑糖下来了。然后他问第三个小孩："那你要买什么呀？"那小孩子说："我要买两便士的黑糖……"看上去这就是个小孩子的玩笑，可是实际上它也是存在一个逻辑的。这个店老板，在前两个孩子的思维里吃了亏，所以他就核对了一下第三个孩子的思维，觉得没问题才放心地去爬梯子了。可是他没想到，在孩子的思维里，两便士和一便士是不一样的，但是在那个特殊的语境下，它就是一样的。

逻辑就是这样产生的。所以，为什么幽默好玩？幽默不夸张，幽默不是说让你觉得不可能出现这样的事儿，而是让你觉得就会出现这样的事儿。

在逻辑推演的过程中．还会出现其他许多问题，包括误会、巧合、执着、坚持、连续、冷酷、暴力、温柔……其中，我们中国人最爱用的模式是误会和巧合。

有话说

由于误会造成的幽默特别多，我们过去看的中国电影里的喜剧，大部分都会用到这一招。

电影《锦上添花》里，胖大妈和老解决两个人都没有老伴儿，别人就给他们俩撮合。胖大妈知道以后特别不好意思，老解决倒是没太把这事儿放心上，他成天想的就是怎么用电磁子，就是小发动机，让那个小电站能有电。有一次，他们俩约好了在一个山亭上见面，结果就因为误会闹了笑话。胖大妈来见面是为了跟老解决谈恋爱，可老解决满心想的是怎么从胖大妈他们生产队借来电磁子发电。所以这时候老解决就说："这事儿大家都知道了，咱们赶紧把这事儿办了吧。"胖大妈一听，觉得这人说话也太直接了，有点不好意思。其实老解决的意思是，这一发电，村里能用，车站也能用，大家就都知道这个事了，所以赶快把电磁子借给他是正事儿。你看，误会就这么产生了。

那么最后这个误会是怎么拉响警报的呢？胖大妈听老解决说要抓紧把事儿办了，就说："好，那先把日子定下来吧。"老解决说："好啊，那你看我们什么时候去搬合适。"胖大妈说的是结婚的日子，老解决说的是搬电磁子的日子。所以，胖大妈一听糊涂了。老解决又说："扛也行啊。"胖大妈彻底蒙了，就问："你说的是什么呀？"老解决说："电磁子呀。"胖大妈一听又羞又气，赶紧跑了。老解决这时候才明白过味来，胖大妈是来谈他俩结婚的事儿的，然后他急忙在后头追了过去。这就是一个典型由误会引起的幽默的场景。

在中国的喜剧电影里，巧合用得也特别多。比如，一个小伙子爱上了一个姑娘，于是就开始展开热烈的追求，百般讨好。但是在这个过程中，他可能因此伤害了一个叔叔，或者得罪了一个阿姨。最后，等小伙子终于有机会去姑娘家见家长的时候，他才发现，自己之前伤害和得罪过的人正巧是这个姑娘的父亲或母亲。你想想，这种情况下，他还能有好果子吃吗？别说谈恋爱了，还有可能被轰出去。这也是幽默形式的一种。

除了误会和巧合之外，执着和坚持也会形成幽默。我们举一些国外戏剧的例子，比如卓别林的电影里有这样一个情节：他演的小偷在前面跑，有个警察在后面追。楼上楼下、楼左楼右，警察一路追着他追到了一个旋转平台上，这时候两个人就绕着这个旋转平台接着你跑我追，中间始终保持着一段距离。小偷害怕被抓到所以跑得快，很快就绕到了警察的后面。他还嫌警察跑得慢，老用手去推警察，让警察快点儿跑。这时候，正常逻辑应该是警察一回头，就把他抓住了。但是警察就是不回头，结果就变成了小偷追着警察跑。两个人都很执着，就这样成就了一个经典的幽默桥段。

幽默与很多方面都紧密相连：设计、逻辑、心态、气氛，还有天赋等。关于幽默，还有一件很好笑的事情想和你们分享。这个世界上，最容易得抑郁症的人群非喜剧演员莫属：卓别林、憨豆先生扮演者、周星驰、几年前自杀的罗宾·威廉姆斯……这充分证明：要让人笑一次，不难；让人笑一阵，难一些；但如果一辈子都在努力让别人笑，真的不是一件容易的事。

以幽默为职业的每一个人，都值得我们尊敬。

我很喜欢中国的一个脱口秀演员，他叫黄西。我采访的时候跟他说："大家都说你特别勤奋。"他说："对，我每天都要写十个段子，因为我的脱口秀是不能抄的，必须自己创作。"我又问他："如果这十个都不好笑怎么办？"他说："那我就知道了，这世界上有十个段子，不可笑。"真够可笑的。

感动到一块儿去

我小时候，经常会去听父亲给全团全师做报告，当时他在部队里当政委。长大了才明白，那其实就是演讲，但当时我还不知道这个词，我们都把它叫做报告，比如英模报告会。坐在底下听，我觉得他讲得非常好，虽然我听不懂他讲的是什么，看看周围，常常能发现底下有好多人都在拿着本子记录他说的话。

这么算，我的演讲启蒙是父亲完成的，前面我说了很多有关演讲的内容，有人会觉得演讲离自己很远，他可能一辈子也不会有一次上台的机会。但每个人的人生都会有无数次的演讲，甚至每天都在演讲，只不过你没有意识到而已。

到现在，我也没有重新看过我父亲的那些演讲稿，所以我也没法评价他演讲得到底好不好。但是，我从小到大听到的报告会基本上都是枯燥的，几乎没有一个让我愿意再听第二遍。

上了大学之后，有一次广播学院请来了当时非常著名的演说家李燕杰老师，我还清楚地记得他那天演讲的题目是"德才学识与真善美"，当时这个题目一下子就把我们震住了。他讲的内容也非常精彩，有很多故事穿插其中，再加上他抑扬顿挫的语调，就像朗诵诗歌一样，他的演讲至少被我们的掌声打断了十几次。这是我听到的第一次真正意义上的演讲，我非常激动，而且印象深刻。

所以有时候我觉得，听一次好的演讲要胜过听许多没有新意的课程。那么，我们在日常生活中是否需要演讲呢？这就要看你怎么理解了。如果你理解的演讲是像李燕杰老师的这种演讲，就是说，必须有强烈的感染性和鼓动性，而且是把它当作一门说话的艺术向公众传递的话，那么我刚开始说的话可能跟你关系不大。但是在我看来，向企业的面试人员做自我介绍，向客户推销自己的产品，或者去说服家人、朋友以及其他人同意自己的观点，这些都是一次演讲。如果你也同意我对演讲的这种理解，那么我们就应该对它进行一个深入的研究，厘清它总比稀里糊涂要好。

抛开自我表现的功利因素，我们演讲的目的往往还有很多，比如想说服别人、想得到别人的认可、想获取支持和信任，等等。要想达到这些目的，我来告诉大家两个方法：调取同情和挑动心弦。这两个概念也是民国时期那本书《演讲术·雄辩术·谈话术》里提出来的，但我觉得它们在今天同样非常适用，如果能运用得当，效果会相当不错。

首先要说的是：调取同情。

调取同情，顾名思义就是示弱以换取别人的同情。比如说，我去做一场演讲，一上台我这样说："大家好，我是崔永元。你们现在听我的声音是不是不太响亮，这是因为我现在正发烧40度。"听了我的话，大家肯定会在底下鼓掌，因为很多人会觉得，你看他都烧成这样了还来给我们演讲，真是太让人感动了。接下来我会说："没关系，个人身体是小事儿，跟大家交流才是大事。因为提前约好了，所以我今天爬也得爬到现场。"说完这些大家肯定更感动了，还会觉得我太不容易了，所以掌声会更加热烈。而且听我这么一说，可能很多人都不再关心我的演讲内容和演讲的好坏，反而会更关心我的身体，怕我扛不住倒下去。所以，即使我的演讲并没有预想的精彩，大家也不会过于挑剔，会给我更多包容。这就是调取同情。

其实，调取同情的方式有很多，比如有的人会这样说："我这个人当众说话的机会比较少，所以今天站在台上比较紧张。如果我讲得不好，希望大家原谅。"还有的人会这样说："今天台下坐的都是大师，都是高手，我是个刚入行的新人，经验也很浅薄，说出来就是供大家批判的，如果说得不好，请大家多多批评指正。"总之，类似的说法非常多，目的都是调取同情。

调取同情是在演讲里经常被使用的一种技巧。示弱在前，就是为了让大家在听你的演讲之前在心里对你产生一种同情，继而引起共情，这样一来，观众会不自觉地在心理上降低对你的要求，或者出于同情给你额外的认可和宽容。当然，这种示弱必须建立在说真话的基础上，如果你说假话来博取同情就太可恶了。如果被拆穿，下场也会很惨。其实最打动人心的就是真情，只有真情流露，才能引起大家的共鸣。

另一个关键词是挑动心弦。

这也很好理解，就是说大家都关心的事情。如果你说的都是跟人家八竿子打不着的事情，估计没几个人会愿意听你说。

我记得我到中学去演讲，开场的时候经常会这样说："现在各个学校都在讲教育改革，同学们你们愿不愿意听听我的改革思路？"他们肯定说愿意，然后我接着说："就四个字，取消高考。"现场马上就会沸腾起来。他们都会觉得这个崔老师真不是一般人，一下子就说到我们心坎里去了。当然，这只是我的一种说话方式，目的就是要挑起他们的兴趣，这样才会让他们愿意听我说下去。接下来我就会跟他们交流，如果取消了高考，该怎样选拔人才，能不能谁家有钱就让谁上大学？他们说不行。能不能谁长得好看就让谁上大学？这个更不行。那谁爸爸官大让谁上大学呢？这就更不乐意了。我说了好多种方法，结果都让他们否了。最后我说："看来，在目前这个阶段，我们的教育资源是有限的，还找不到比考试更好的办法，所以我们就只好考试了。但是考试真的是一场苦难吗？接下来咱们就一起来分析一下考试这回事儿。"高考是所有家长和学生都特别关心的事情，大家对它既爱又恨，所以我的这种说法听上去好像是技巧，但更多的是一种诚恳真挚的表达，所以才能引起大家的共鸣。

我父亲的老家在河北衡水，衡水中学想必大家都不陌生，它有一个很霸气的外号——高考神校。但是，如果有机会去看一看那里学生的学习状态，你可能会觉得有点儿恐怖。每天早上，孩子们5点多就起床了，据说只有3分钟用来上洗手间，然后就必须到楼下集合。等孩子们都到齐了之后，就开始集中看书、背书。课间操时间、跑步时间、吃饭的时间，他们都在背书。晚自习要上到11点，有的孩子还会自学到更晚。总之，在那里，每个孩子都像一台考试机器，全都铆足了劲、开足了马力为高考努力。

很多研究教育的人都说这种方法是不可取的，会严重影响孩子的心理健康，甚至会让孩子产生变态心理，将来他们成不了人，最多只能成为人才。当时我也特别同意这种观点，尤其是在看过西方的教育之后，更觉得这种教育方法有违人性。

但是，后来我在一个节目中见到了衡水中学的校长。当时他说了一段话，让我的想法一下子有了转变。他是这样说的，他说："你们城里的孩子考不上大学，还有很多路可以选择。但对于我们农村的孩子来说，如果考不上大学，大多数就只能选择留在乡下种地。其实我们也不想让孩子这么累，但是这是他们唯一可以改变命运的出路，所以现在让他们受多少苦，他们也都是愿意的。"

现在想起来，那位校长跟我说的这段话其实就是一段演讲，他并没有刻意为之，那就是他的真情流露，所以才深深触动了我，让我这个自认为擅长说话的人，竟然无言以对。

仔细想想，能够让所有的人都感动到一块儿去，着实是一件让人向往的事情。如果让现在的我坐在礼堂里，去听爸爸当时的演讲，我依旧会感动落泪，觉得他很厉害吗？说实话，我真的说不准，搞不好以我现在的眼力，一定能看出爸爸演讲时的不少破绽。但是，关键的问题来了，在生活中，有很多人是愿意被撩拨心弦的，他们时刻都准备着。你应该心怀善意。而面对那些处处提防、死活不落泪的主儿，你也早点死心。

无论你学会了多少技巧，你也永远感动不了那些不愿被感动的人。

别把你的脑子

变成别人思想的跑马场

从"你知道"到"我知道"

我们是不是常常会遭遇一些谈话场，人不熟，内容领域更不熟？是。

有没有一个方法可以让你在所有的谈话场都表现得游刃有余？有。

陌生的对象、陌生的知识、陌生的领域、陌生的语境，这些是主持人工作中的家常便饭，对此，我已经很习惯了。如果真碰到嘉宾和内容都极度熟悉的情况，我反倒容易变得懒散松懈。

碰到自己不知道的事儿，我们的第一反应通常是：

不行，我得搞懂。一两个知识倒还好，但如果突然碰到一个陌生领域的谈话场，不仅没有时间补课，甚至连从哪儿补、找谁补都不知道。书到用时方恨少，到了现场就得唠。

无论在什么领域，我们要想真的成为全能专家，太难。换句话说，成为一个好的谈话者，把握一种能够从容应对各种谈话的技巧和心态，就十分关键了。

这种技巧和心态是什么呢？我们先从我之前在岭南师范学院做过的一个尝试说起。

当天晚上，我原本是要在岭南师范做一个演讲，后来我发现复旦大学的钱文忠教授也来到了现场。钱教授师从季羡林先生，学识渊博，机智幽默，他讲的《玄奘西游记》至今让他在大学生中非常受欢迎。同时他也是我的家庭教师，有什么不懂的事情我经常去请教他。

原本我对这场演讲没做什么特别的准备，看到钱教授之后，我突然冒出一个想法，决定把这场演讲做成一场对钱教授的采访，借机现场培养几个主持人。我觉得这样的安排同学们肯定会非常高兴。于是我在现场发出了一个口号："15分钟，我就可以让你变成一个优秀的主持人！"

同学们果然踊跃参与，有三位同学获得了这个机会。其中有一个女孩，她站在会场二楼的最后一排，当时她只是礼节性地举了一下手就被我叫上台了。上台之后她有点蒙，甚至有点不知所措，但是在15分钟之后，她整个人的状态就完全变了一个样子。

这个女孩很内向，刚到台上非常紧张。她采访钱教授，我在一旁协助她，她的第一个问题问得有点儿不太礼貌，大家都笑了，钱教授也笑了，但还是回答了她。接下来，我用了一个非常礼貌的方式提了第二个问题。到第三个问题的时候，这个女孩自己就变得很礼貌了，然后谈话就进入了一个非常友善的氛围。可是进入这个氛围之后，她就显得不是钱教授的对手了。通常来说，在采访之前，双方都会下意识地把对方当成对手，尤其是被采访者会认为对方一定会刁难他，给他挖坑，让他说不愿意说的话，所以这时候这个女孩在钱教授面前自然就接不过三招。

有话说

　　她不知道接下来该说什么了。或许有人会说，这时候她应该试着走一走防火通道。这个办法当然可以，但是，就像我在前面说过的，防火通道可以偶尔用来应急，但不能总是停留在那个状态，或者一有困难就马上登场，那样是无法完成一次成功的谈话或采访的。我发现很多主持人或是谈话者经常会走防火通道。条条大路通罗马，为何只认这一条？

　　接下来，我就要说到我的绝招了，其实非常简单，就三个字：跟我来。所谓跟我来，就是把你的观众或你的谈话对象的思维拉到你所熟悉和擅长的领域，让他们顺着你的思路来。

　　当时，我就是用这个方法去引导这个女孩的。我问她学的是什么专业，她说是海洋工程，我说那你可以这样跟钱教授沟通：你把海洋工程的道理讲给他听，他就会告诉你在《弟子规》《三字经》和《名贤集》里是否也做过类似的研究，我们把这个叫比较科学，这样的谈话和比较大家都会爱听。女孩按照我的引导去做了，她从自己的角度出发，聊了很多海洋工程当中的概念和方法，钱教授一下子就理解了这里面的意图，并从自己的角度和她互动，然后这个女孩又把钱老师的内容放到海洋工程的框里，再次输出。于是，一来一往之中，大家在现场听到了一场特别奇妙的谈话。

台下的大学生们热烈鼓掌，这个女孩成功了。

这时候我发现他们的校长坐在台下，眼睛红红的。我觉得这里面肯定有我不知道的故事。采访结束之后我找到了这位校长，他告诉我刚才台上的那个女孩是一个孤儿，是学校资助了她，但因为性格内向，所以她一直闷闷不乐。但今天看见她在台上表现得这么优秀，跟钱教授能够如此灵巧地对话，他觉得特别高兴、特别欣慰。

要找到最好的说话状态，就需要把自己调整到像在家里一样。而在这里，我们再次拓展这种调整方法，不仅是状态上的自我调整，更是在话题内容选择上的自我把控，每个人在与人交谈时都有一个属于自己的安全领域，这个领域可能是他熟悉的，或是他擅长的。

掌握了这个技巧，就像手里拿了一把万能钥匙，可以打开所有谈话场的锁。

再来一个例子。有一次，我参加一个饭局，来的人大多是文艺圈的朋友，其中有一个朋友不是这个圈子里的，是从事金融的。当时大家已经坐好准备开饭了，结果这个从事金融的朋友却起身到另外一个房间去抽雪茄了。我看出情况有点儿不对，就去找他。我说："大家都等着你呢，你怎么在这儿躲起清静来了。"他说："我不知道怎么跟他们谈，他们肯定要跟我谈电影、谈文学，可是我对这些一窍不通，你帮我谈吧。"

"这我可没法儿帮你。"

于是，他就很焦虑。

我说："别着急，5分钟我就能教会你怎么跟他们谈。"我问他对哪个领域最擅长，他说银行业务，于是我就告诉他："不管他们谈什么话题，你就记住一条：把话题拽回到你熟悉的银行业务上来。如果他们不懂，你自然就能占据主动；如果有人懂，你们就会惺惺相惜，谈话氛围自然也会轻松起来。"他按照我说的去做了，结果那天晚上他完全掌控了谈话的主动权，也听懂了所有人的问题，所有人也都觉得他很有魅力，非常善于表达。

这个朋友和那个采访钱教授的女孩一样，在利用万能钥匙把谈话引到了自己熟悉的领域之后，都开始变得自信和松弛起来，在这种状态下，被动自然会变成主动。其实这件事你还可以反过来想，如果你的谈话对象对你说的话题不理解或不了解，那么你可以把这把万能钥匙反过来用，把话题引入他熟悉的领域，自然也不用担心跟他没话可聊了。

姜文在圈内是出了名的难采访，很多人想约他的专访都约不上，有人说这是因为他太牛太傲，其实我知道并不是，他只是没有那么自来熟。我前面讲了一件事，就是在《让子弹飞》的首映现场，他对接受采访时的第一个问题特别在意。那么在第一个问题之后，如何还能继续打开他的话匣子，就是每一个采访者或者谈话者应该思考的问题。我们知道他有一个擅长的领域，那就是电影。所以，电影里的音乐和画面就是他用来和观众交流的工具。

　　我采访过他两次，第一次的时候他问我要聊多长时间，我说得一两个小时，他说这么长时间真怕没什么可说的，我说我问你什么你回什么就行了。我记得那天我们俩进采访间之前都喝了几口酒，主要是为了略微缓解一下紧张情绪。进了采访间之后，我先给他播放了一段片子，这个片子是我们事先剪辑好的，里面都是他拍过的电影的一些片段。看完片子我问他剪得怎么样，这当然就进入他的专业领域了。当时他是这么说的："你就是说破大天去，你也没有我剪得好，也没有我拍得好。"他连点评带讽刺地对我们剪的片子表达了一番看法。接着，我又给他看了中国电影史上的一些经典片段，比如我们一起看了石挥演的电影片段，我认为石挥是中国最好的电影演员，姜文也表达了对他的欣赏，说再没有人能比他演得更好。然后我就问他："作为一个导演和一个演员，你能不能告诉我，石挥的表演到底好在哪里？"他的话匣子就这样被彻底打开了。那天我俩聊了很多，他也早就忘了采访之前担心没话可说这件事了。

一正一反，万能钥匙不仅可以解锁陌生的话语场，同时也能让对方回到舒适的话语场。在之后的工作和生活中，每当遇到陌生的话语场的问题，从容些，想想我说的万能钥匙。

进一步说，万能钥匙不仅是让我们驰骋各种陌生的谈话场的绝招，更是一种对思维的培养，从没底气到有底气，从被动到主动，从限制到自由，这把钥匙让我们懂得：别总想着要把"不知道"变成"知道"，更重要的是要把"你知道"变成"我知道"。

打蛇要七寸，入木要三分

有一次，我感到胸疼，非常担心自己可能患了肺癌，就到人民医院去看病。

医生听完我的讲述，想了一下，把我叫到楼道里，说了这么一番话："第一，如果你现在是肺癌，我们今天也不一定能查得出来；第二，如果你确诊了是肺癌，我们也不一定能治好；第三，你不一定就是肺癌；第四，假使你真得了肺癌，但你自己没发现，我们也没治，效果可能会更好。"最后，他让我弄个膏药贴一贴，说再等几天，如果不疼了，多半就是没事儿了；如果还疼，再过来。听了他的话，我走出医院的脚步都轻盈了许多，几天之后果真没有再去见他。

医生的职业属性往往会让他们的话听起来"越描越黑""越说越错"。试想一下，一个朋友和一个医生同时告诉你要好好享受生活，你是不是会觉得医生的话怎么听怎么别扭？其实道理谁都懂，关键是怎么让道理真正指导生活。

这位医生的一番话让我终生难忘。他是不是个好医生，我无从得知，但他一定是个优秀的谈话者，并且是高手中的高手。细细想来，他的话虽然在一定意义上展示了医学并非万能，但同时也传达出放松心态的必要性。最关键的是从检查结果到治疗结果，再到心态导向，他的这四点总结层层递进，严丝合缝，句句直击要害。

说回谈话，一个优秀的谈话者最有价值的能力之一就是核心内容的提取。换言之，如何能够在众多的声音中快速提炼核心信息、当别人还在众说纷纭的时候，你已经拨云见日，这一点非常重要。

有话说

2006年重走长征路的时候，我们沿途看到了很多破败的红军墓，当时我们把这些墓都重新修缮了一番，新培了土，新垒了石头，也重新刷了漆。只是由于曾经的破损太过严重，有些墓已经无法得知主人的名字。修缮完成，面对着这些无名的墓碑，我们全体队员鞠躬致敬，以表达对亡灵的尊重。

突然，其中一个队员提出了异议，他说："我们并不知道这些无名墓里究竟是谁，为什么要鞠躬？"所以，这个环节他不参加。结果其他队友不高兴了，有的人甚至很愤怒，他们觉得这些墓里埋的肯定是红军，如果不鞠躬就是对红军的不尊重。其实，这些无名墓里埋的到底是谁，我们并不知道，也真不好说。

这件事情到今天，十多年过去了，我依然可以清晰地记得自己当时说的一段话，因为我觉得真的说得特别好，把自己都感动了。

我说："这里面埋的是谁，我也不知道。只是当地人告诉我们，这里面的确是埋了一个人，这也的确是无名墓。我们能不能这么想，既然他的墓没有人修缮，是不是因为他已经没有了后人？又或者，他的家远隔千里万里，他的父母并不知道他最终已经永远留在了这儿？所以，他是谁真的那么重要吗？无论他的名字是什么，他肯定是个中国人吧，退一步说他至少是个人吧。就算不是一个人，只是一只动物，那也是一个生命吧。我们怎么就不能在若干年后在这样一个地方给一个曾经的生命拔拔草、培培土、鞠个躬？"

听了我的话，大家都沉默了，也没有人再反对了。在接下来的路程里，无论遇到什么样的墓，大家都会很认真地修缮，然后很认真地鞠躬。红军的两万五千里长征，对没有经历过的人来说只是一个故事，那样的艰辛和苦难是无法仅仅凭想象来感受的，甚至他们曾经走过的有些路至今再没有留下任何痕迹。所以，在那一刻，大家放下疑惑和分歧，收获了很多感动。

其实，我当时说的那番话并没有多华丽的辞藻、多严谨的逻辑、多高深的道理，有的只是紧紧抓牢的事件核心：坟里埋的是谁，不重要。因为那是生命，是被遗忘的生命，它值得我们尊重！

重要的事情说三遍：这不是玩笑话，而是实实在在的好方法。一个原因是很多人真的不做重要性的排序，做事全凭好恶和别人的说辞，你不提醒他，他不知道什么重要。另一个原因在于人真的太容易忘记了，很多时候，我们明明知道什么事情重要，但是一转眼就会抛诸脑后，所以我们需要被不断提醒。

我们总强调一件事要想好再说，在我看来，这里想的不是怎么说、技巧是什么，而是你要说的核心到底是什么。所以，要时刻提醒自己，也提醒谈话的对方，重点在哪儿，不能走偏。

有一次，爱尔兰的《大河之舞》到北京来演出。《大河之舞》是爱尔兰著名的踢踏舞，并且有一个很有名的特点是，所有的舞者都不是专业的，因为整个爱尔兰人都在跳这种舞，所以他们每年都会有选拔赛，选出优胜者组建成团队，然后进行一次全球巡演，巡演结束后团队就解散。第二年，再选下一批。

　　根据安排，我要在《大河之舞》演出的前一天采访他们的两位主跳。当时，舞蹈团的男主跳是注册会计师，女主跳是国际政治学的博士，但是他们来的时候全部铁青着脸，原来他们之前在演出现场排练的时候遇到了一点儿状况，因为所在的场地马上要举办一场会议，主办方希望他们的排练推迟到第二天会议结束之后，但是这样势必会影响他们第二天演出的质量。双方争辩半天，排练只能被迫中止。回到采访，这样的心情和状态肯定不行，于是我就咨询了当时的翻译，想先简单地和他们聊一聊。

　　进了休息室，我说："你们好。我是这个节目的主持人。今天出现了这样的情况，不管是什么原因，你们是在我们的国家遭遇了不愉快，我都愿意向你们道歉。虽然我的道歉对你们来说可能没什么意义，也解决不了实际的问题，但我还是想很真诚地表达我们的歉意。同时，我特别想跟你们说，咱们都是职业工作者，我的职业是主持节目，你们的职业是在舞台上跳舞。既然咱们都是职业人士，自然就不能因为情绪波动而影响自己的发挥，你们同意我的观点吗？"他们都点头说同意。

接下来我又说："我想告诉你们的是，我们的观众对你们的到来非常期待，为了跟你们交流，他们在外面已经等了两个小时，所以我希望你们能把最好的状态展现给他们。"他们说这个没问题，他们能做到。接下来，我又提出了一个小要求，我说："在前期跟你们沟通的时候，希望你们能在现场表演一段《大河之舞》，我们为此还特别定制了十几平方米的地板。"因为事先我了解过，踢踏舞对地板的要求非常高，都是特殊定制的，所以他们也是唯一带着专属木匠走遍世界的舞蹈团。但是，对这个请求两位主跳都表示了拒绝，他们的理由是没做准备活动。我说："没关系，我们愿意遵守你们的规则。"

沟通到这里之后，两位主跳的情绪明显好了很多，接下来我们的节目就开始了。在一个半小时的时间里，这两位来自爱尔兰的主跳充分感受到了中国观众的热情，所以他们主动提出来要给大家在现场跳几段踢踏舞。当时，很多观众都跑了上来，在我们准备好的那十几平方米的地板上，很兴奋地跟着他们的节奏学习，而我就站在旁边看着这一幕，特别高兴。第二天我还特地去人民大会堂看了他们的现场表演，真的非常精彩、非常棒。

整个沟通过程中我说了很多，但所有的话其实都可以提炼成两个关键词：专业和期待。专业是他们一定会遵守准则，而期待是可以融化并感动他们的力量。

要成为一个好的说话者，需要在意和改变的事情很多：表情、语气、用词、手势、情感、逻辑……仿佛有太多的因素可以左右说话这件事。的确，要想说好话，不是一拍脑门、一跺脚就能实现的，它需要积极的态度、正确的方法以及努力的练习。

但当我们向更深处探寻，一个好的谈话者，首先必须是一个好的思考者。能把一句话说得特明白，一定是因为说话的人想得特明白。你觉得对方的话击中了你，也一定是他既找到了话语的重点，又找到了你的核心点。

从复杂到简单，我们始终要相信，成为一个好的说话者，不仅要考虑那些纷繁复杂的信息和线索，更要考虑说话的本质：思考。

有话说

　　因为你只有想明白才能说明白，只有你想的是对的，你说的才能是对的。想这件事本身，虽然看似很难，但实际却非常简单。

谈判是妥协的艺术

我们家的安娜是一只非常有原则的猫，她的人生原则就是我的办公室所在楼层，只能有她一只猫。所以，无论来的是男猫还是女猫，还是其他什么猫，她一律让对方待不下去。最关键的是，安娜从来不借助语言，都是直接上爪（手），犯我领土者，远近都诛。

我很羡慕安娜。第一，我会说人话，这就意味着不管是利益的分配还是冲突，我不可能直接上手，多少还是得说一下。第二，安娜坚守原则的方式很坚定，没有什么协商的余地。而当我碰到纷繁复杂的事情时，虽然一定有必须遵守的原则，但多少一定要在原则之外有各种各样的妥协。第三，安娜要是行动失败，有我给她兜着，但是我如果失败，却不能靠安娜。

这三点，就是我在谈判方面的建议，是语言上的，更是逻辑上的。

现在各种各样的谈判好像越来越多，我想这跟时代的发展和进步应该有很大关系。原来一提到谈判，基本上都是涉及两个国家之间的一些外交问题。但如今，从商场到职场，从社会到生活，谈判好像已经无处不在。

谈判其实也是谈话的一种，只不过是一种比较高级的语言艺术，因为涉及的是双方的利益，所以要更精准地表达。既然谈判也是一种语言艺术，那么自然有一些技巧可谈。面对这样一个比较大的命题，我在这里只想先抓住核心的一点来讲，即对于一场成功的谈判来说，最重要的是什么？我觉得是确立原则、定好底线，如果没有这个前提条件，那么其他的问题都不能成立。即使当时成立，也都是暂时的，经不起考验。

先举一个例子，我实在看不惯安娜霸道的行径，准备把她卖了，给自己定的原则是不能低于20000元。这个时候，出现了一个买家，他的出价是200元。那这个时候，我应该采取什么样的谈判技巧呢？答案是，我会让安娜上去抓他的脸。这种时候，就是不需要再继续往下谈的时候。

再举一个例子。20世纪80年代，英国首相撒切尔夫人访华，就香港回归问题与邓小平展开磋商。在此之前，这位"铁娘子"刚刚赢得了马岛战争，帮助英国在国际上重新赢得了声威和底气。所以在香港问题上，刚开始她的态度十分强硬，想要"以主权换治权"，甚至搬出了英国与已经灭亡的清朝政府签订的三个条约。她表示，只要中国承认英国继续对香港拥有管理权，那么她愿意考虑向英国议会提议，以令中国满意的方式处理香港的主权归属问题。

但是邓小平直接否定了她的提议，说到香港的主权归属，这位小个子的中国巨人毫不含糊地指出："中国在这个问题上没有回旋余地。坦率地讲，主权问题不是一个可以讨论的问题。现在时机已经成熟了，应该明确肯定：

一九九七年中国将收回香港。就是说，中国要收回的不仅是新界，而且包括香港岛、九龙。"邓小平的态度很明确，也很坚决，就是租期到了必须回归，这是谈判的底线和原则，有了这个前提，才有可能接着往下谈，否则一切免谈。

面对邓小平同样强硬的态度，撒切尔夫人只得让步。确保了这个底线没被碰触之后，邓小平继续提出了"一国两制"的构想。撒切尔夫人心有不甘，在谈判结尾时问了邓小平一个问题："如果中英双方谈判不成功怎么办？"邓小平很坦然地告诉她，中国政府在提出要恢复对香港行使主权的时候，就已经做好了应对各种问题的准备，如果在香港回归的过程中发生了严重动乱，中国会考虑换种方式收回，但是不论遇到什么困难，都不会放弃收回香港。1997年7月1日，香港回归中国。

真正的外交家在国际谈判桌上都有自己坚守的底线和原则，在他们看来，这些底线和原则如领土一样，不可侵犯。

现代社会有太多可以妥协和调整的空间，让我们产生了一种什么都可以谈的假象。不论在什么层面，有些事，在一个节点上，就是不应该谈下去的。谈不下去，很正常。

但是，除了绝对需要坚守的原则之外，我们还需要知道，其他的不必要条件需要最优化的组合，而这样的组合常常是方向性的调整和结构性的整合。说白话，就是要让对方高兴，让他觉得："不错不错，我还有些甜头。"

关于这一点，万隆会议更为经典。20世纪50年代，亚非各国在印度尼西亚万隆召开了一次重要会议，周恩来总理率领中国代表团参加。

会议开始后，很多国家对中国发起了攻击，说中国作为新兴的亚洲大国，会实行"霸权主义"，进而"称霸亚洲"，所以他们联合起来抵制中国。周恩来总理一上台就抛出了"求同存异"的谈判原则。他说："中国此次前来并不是要立异，而是想跟所有亚非国家站在一起，共同发展、共同繁荣，我们都经历过战争的苦难，大家需要统一战线抵抗帝国主义，更要相互理解、相互尊重……"他的即兴演讲立刻赢得了许多国家代表的掌声，会后他们纷纷过来跟周恩来总理握手。危机就这样被化解，会议得以继续在和平的氛围内谈下去。

看了中英谈判和万隆会议两个例子，我不知道大家有没有发现一个问题，那就是在谈判过程中，除了原则问题不能妥协之外，在其他问题上还是需要做出一定的妥协的。比如，在万隆会议这件事情上，周恩来总理提出的"求同存异"本身，在坚持了自己的原则的同时也表露了一定的让步和妥协，即先解决"求同"的问题，把"存异"放到一旁，而不是说必须一次性地解决所有问题。

谈判其实就是这样，如果双方都坚持己见，毫不让步，总是站在自己的立场和角度来说话，从不考虑对方的利益，甚至丝毫也不给对方留余地，那么最后只能产生两种结果：如果双方势均力敌却互不相让，结果很可能会两败俱伤；如果一方强一方弱，强者长期打压弱者，那么很可能就会招致弱者的致命抵抗，这样一来，强者虽然会获得一时的利益，但也会让自己陷入长期不安全的境地。

所以，要想让谈判取得成效，就要学会妥协。但是怎么妥协，妥协的程度是多少，什么时候开始妥协，都是需要技巧的。比如说，在一场外交谈判中，如果一方提出了一些额外的问题，而且这些问题经过协商是可以解决的，这时候另一方就可以这样说："关于贵方最后提出的几个问题，并不在这次谈判的话题之内，但我方对此也很感兴趣，希望在下次会谈时我们再继续探讨这些问题。"这样说，既给事情留了余地，也给自己一方争取了事后商量的时间。但如果对方提出来的是不可谈的问题，比如主权问题，那你就可以直截了当地告诉他，这个话题不在我们谈判之列，不要说下次，永远没有谈判的可能。

前段时间，安娜跟我说她的原则有少许的改变，具体原因也不方便透露，结果一只男猫就在她的领地楼层多待了几天，但最后，还是被她赶走了。

你看，安娜彻底地贯彻了我这里提到的原则。最后还是赶走了那只猫，是安娜的原则；但是让那只男猫多待了几天，就是安娜的妥协，要不然她也不可能在一段时间后，生了小宝宝。

当所有人都进的时候，你退，你就赢了

我唱歌不太好，这件事情，只有一小拨人知道。但是没关系，我反调唱得好啊，这件事情现在全国人民都知道了。

你觉得我在开玩笑，但我的态度其实很认真。无论是生活，还是说话，一定会遇到要唱反调的时候。原因倒不是非得搞事情，而是在很多时候，正着走的人太多，路都给占尽了，唯独朝相反的方向，才能下得了脚。

逻辑上的反向思维体现在演讲、谈判，甚至日常的工作中，往往会收到不错的效果。

2005年的某一天，一个朋友突然打电话给我，问我能不能给和顺当代言人。当时我都不知道和顺具体在哪儿，也不知道代言是要做什么，但因为是朋友的要求，所以就答应了下来。当天下午朋友直接过来找我，我才知道原来是中央电视台正在做"魅力中国·魅力名镇"的展示活动，和顺作为云南腾冲下辖的一个古镇，参与了评比。当时朋友给了我两本画册，里面有和顺从古至今的一些资料。说实话，画面非常漂亮，而且和顺的历史和文化也的确震撼到了我。但是一看竞争对手的资料，李庄、乌镇、宏村、西递村、丽江古城……都是这个级别的。我跟朋友说："如果正面竞争，根本轮不到咱们啊，因为和顺基本没人听说过，就连我都没听说过，所以我得想想办法另辟蹊径。"然后我让朋友先回去等消息，有了眉目之后我会给他发短信。

回到家躺在床上，我一遍一遍地翻看和顺的两本画册，终于想到了出奇制胜的办法——以退为进。天快亮的时候，我给朋友发了信息，让他把我要的东西都准备好。一切就绪，整装待发。

有话说

到了现场，敬一丹大姐是主持人，全场来了一百多位历史界、文化界的专家，我是第三个上台的，一站到台上，我就知道我们赢定了。

上台之后我说："我是和顺的形象代言人，我来的时候乡亲们都说，咱们退出吧，你看看人家李庄、乌镇，都是历史名镇，咱们这个小村子有啥可说的呢？我说怎么能退出呢，我们一定得去看看人家都讲了什么，学习一下他们的先进经验，这样也有利于咱们这个小村子将来的成长啊。"听到这儿，台下掌声一片。以退为进第一招管用了。

接下来我从几个方面详细介绍了和顺，以退为进的策略持续在线。我大概是这么说的：

第一，我们和顺的历史很短，只有六百多年，比美国才长四百多年。

第二，我们和顺开放得太早，四百多年前已经开放了，当时的人们大多会去缅甸，也有的远渡重洋到了欧

164

洲、美洲和大洋洲。出国回来的人带回来许多稀罕物，我们那儿有句顺口溜：罗马的钟、英国的门、捷克的灯罩、德国的盆。这些东西在北京都会被装在玻璃罩里，放在博物馆里，但是这些东西我们和顺家家户户都有，有的就在街上扔着。有一次我看见一个老乡在喂猪，在泔水桶上我竟然发现了"美孚洋行"四个字，真是让我大开眼界。

第三，我们和顺的建筑看起来也比较凌乱，有徽派的、有江南水乡的、有欧式的，还有中西合璧的，一点儿都不统一。而且这些建筑从来没有翻新过，六百多年了还原封不动，保留着原来的样子，太旧了。

第四，我们和顺人都有点儿不务正业，别的地方农民家里都摆着农具，我们这里家家摆的都是文房四宝。有时候游客来了，会把我们贴在墙上的宣传标语撕走一块，还会把饭馆里的菜单偷偷装进包里，这些东西有什么可拿的呢，只不过是我们的老乡随手写的而已，可能游客把这些东西当成书法拓片了吧。另外，我们和顺在20世纪20年代就有了集邮社，30年代就有了音乐社、话剧社、足球队和篮球队，40年代就演出了曹禺先生的《日出》、郭沫若先生的《孔雀胆》，到今天剧照还完整地保留着。还有，我们和顺早在1936年就有了自己的出版物，1946年就开始办报纸，还出过一本书叫《青年宝鉴》，是当时出国必看的一本书。你们说，这么多时间不用来好好种地，我们是不是有点儿不务正业？

第五，我们这儿的人都不太会说话，比如，你碰到我们这儿的老人，他们会问你：尊号何为？昆仲几位？实际上就是问：你叫什么？家里弟兄几个？我给他们纠正了好多遍，他们都改不过来，可能是看书看得太多成了习惯吧。

第六，别的地方的农民都会踏踏实实种地，我们这儿的农民早上把牛放到山上吃草以后，就都到图书馆去看书了。大家爱看闲书是因为1928年我们乡里就建了图书馆，当时还劳烦胡适先生给我们题了字，后来楚图南先生、钱伟长先生也都给我们题了字。图书馆里的书也不多，只有七万多册，也没什么太好的书，基本都是一些古籍、善本和孤本。有人说这是中国最大的乡村图书馆，我也认为是，但是我总觉得农村要这么大的图书馆干什么用呢？

第七，我们这里还出了很多奇奇怪怪的人，比如有一个人叫艾思奇，他写了一本《大众哲学》，据说当年是超级畅销书。后来他把哲学带到了延安，毛泽东主席还曾写信向他请教。我们这里还有一个人叫张宝廷，人们都叫他"翡翠大王"，现在大家看到的翡翠都是他在缅甸发现、加工、制作，然后卖到北京、上海、广州、香港的。时间紧张，来不及细说，就先说这些吧。

在演讲的最后我说："乡亲们说，我们评不上魅力小镇没有关系，但是希望魅力小镇最后的颁奖仪式能在我们和顺举行，因为乡亲们想看一看，到底中国还有哪个小镇比和顺更有魅力。"

后来，评委宣布结果，和顺成为当年中国十大魅力名镇之首。

为和顺代言的这个过程，我把以退为进这个策略掰开揉碎贯穿到了演讲的每一环。我花了一个晚上，"充分"了解了和顺那些厚重的历史和文化，但是在这种竞争中，面对同样强大的对手，如果一味示强并不容易占到先机，

你强人家也不弱，甚至有些地方比你还厉害。所以要适当
示弱，但是又不能完全示弱，而是要剑走偏锋，用貌似示
弱的方式讲述自己的优势，尤其是把别人没有的那些优势
一一呈现。所以，当全场都在进的时候，我们一退，就
给大家留下了更深的印象，所以最终我们获胜也就不足
为奇了。

很早的时候，有一期节目请来了很多嘉宾做分享，
其中一个小伙子给我留下了非常深刻的印象。这个小伙子
的工作是电线维护，很重要但是也很无聊。他在分享的时
候，自己讲得热热闹闹，手势动作特别多，心情也特别开
心。我就问他："你怎么这么高兴啊？"

所有人都笑了。

他很严肃地回答说："我爸爸跟我说过，人高兴也是
一天，不高兴也是一天，为什么不高高兴兴的呢。"

当下的瞬间，我觉得好像被雷击中了一样。生活中我
们总会有某个瞬间突然被打动，而打动我们的往往就是这

么简单的道理，一点儿都不哲学，一点儿也不深奥。这些话不会因为是从一个名人口中说出，还是从一个普普通通的人口中说出，而有任何价值和分量上的变化。因为说的都是一个道理。这个世界是一样的，但是看见它的窗口有很多，一切就看你选择打开哪一个。

虽然这些话若是从一个名人的口中说出，我们可能会当作名人警句来记诵，但是从一个普普通通的人口中说出，它的价值也一点儿不打折扣。

布袋和尚有一首禅诗写得极妙："手把青秧插满田，低头便见水中天。心地清净方为道，退步原来是向前。"寥寥数语，大有深意。我们可以想象诗中描绘的那个场景：一个人赤着脚站在稻田里，低头插秧时可以看到水田中倒映的蓝天白云，一边插秧，一边后退，退到最后秧苗插满水田。

是参禅的境界，也是生活中的真理，有些事情有些时候看起来是后退，实则早已经大踏步向前。

别学会了说话，

却忘了怎么做人

是初衷，不是目的

我们一起来讨论一个关于慢、关于笨、关于会失败的问题吧。假设这个世界，慢了就有人追，笨了就有人爱，失败了就马上会成功。

先给你介绍一个人。

我的朋友王朝阳，是一位玉雕大师。我们第一次去拜访远在云南的他，走翡翠一条街，随便一问原材料就要几十万、几百万。传说那边最穷的人家，身家也得千万打底。到了他工作室，他捡起一块，说要送我。这哪好意思呢，我就问他原料要多少钱，他说300，我就直接揣兜里了。那是他用原石雕成的一个线装书，被虫子咬了的样子，特别漂亮。

后来，当我第二次去他的工作室的时候，他又有了变化。他不再刻意按照自己想象的样子去雕刻原石，而是尽量保持原石本来的样子和形状。比如说，原来是鱼的形状，那就让它是一尾鱼；原来是水滴的形状，就让这是一滴水。有时候他甚至一笔不动，因为他觉得大自然给的形状就是最好的。

用世俗的眼光看，他要是想赚个几亿，跟玩儿似的，但他每天都在琢磨，上天给他的一块翡翠，他应该让它变成什么。质地没有那么好的原料，就化腐朽为神奇；质地上好的原料，就保有它原来的样子。非常像一个哲学家。

那你说他蠢吗？还是真的特别聪明？

现在的人们说话越来越精明，技巧越来越多，但人与人之间的关系越来越复杂，信赖越来越少，想想就挺划不来的。花了那么多力气，最后搞了个倒退，倒不如当初别前进。

放弃所谓的精明，做一个有钝感力的人，不容易。但换个角度，如果从现在开始，你身边的人全部都变成神经病，只有你一个人清醒，你要不要也和他们一样，变成神经病呢？回到说话上，所有人都在注重效率、压制、说服，而如果我告诉你，我们已经忘记了很多比那些更重要的东西，你会想到什么？笨嘴拙舌一定比不上口若悬河吗？讷口少言一定比不上口吐莲花吗？在这样的思维定式中，我们是不是在默认，聪明，可能终究会战胜真诚，所以真诚中的那一点点呆、一点点蠢，我们也不可以保留？

我在读关于西南联大的书时看到了一位教历史的老师，名字我忘了。考试的时候，学生们的历史考得一塌糊涂。学校领导就问学生为什么考得这么差，学生们就说考卷上的题他们都没学过，历史老师讲的是唐史，但考试都考到清史了。学校领导一听，判定这跟学生没关系，是老师的问题，于是就去问老师是怎么安排的课程，明明考试已经考到清史了，为什么只讲到唐史。结果这个老师说："我教学生们学历史跟考试一点儿关系都没有，我只是为了让他们懂得真正的历史。所以，唐史我还得一个学期才能讲完，哪能轮到清史呢？"看到历史老师的这句话，当时我的眼泪就流下来了。

赶到了清史，还有近代史，还有现代史，还有当代史，还有未来史……我们的人生要应付那么多的考试，如果真的被考试的节奏赶着走，是不会有时间停下来好好地凝视知识本身的。说话也是一样，我们总想着这次要按照计划说这个，那次要摸准对方说那个，一字一句，一板一眼，亦步亦趋。长此以往，会不会真的就太聪明了？

还是一个老师的故事。有一年我去新疆，朋友告诉我新疆工学院有个老师非常著名，他最大的特点就是不讲课。这就很奇怪了，我猜学校对他肯定有很大的意见，但朋友说："恰恰相反，不信我带你去见见他。"

这个老师叫王渝，名字是很少见的一个字。到了他家，一推开门我们就傻眼了，屋子里摆满了木马。他在尝试做《三国演义》中诸葛亮发明的木牛流马，据说一个人推着木牛流马的屁股，它就可以走，而且能承载70斤重的东西。顺便扩充一下，很多人不知道木牛流马具体是怎么回事，其实木牛流马是两样东西，一个叫木牛，一个叫流马。因为那个时候没有螺丝，木牛流马是榫卯结构的。王澍要做的就是恢复这项技术，他还现场给我们进行了演示。那些木牛流马，有的是推一下屁股，松开手后，还在往前走；有的是用手推着一步一步地走；有的是根本就已经不动了。

我问他："你的困扰是什么？"

他说："我的困扰是我根本没有真正搞懂其中的门道，我按照图纸把它做出来，今天走得很好，明天可能就不走了；今天不走，明天可能又走了。但是你想想《三国演义》里的描述，说诸葛亮发明的这个，不仅能驮70斤重的东西，还能上山，从来不会出现这样的情况，为什么我们今天就不行了呢？"

当古代的那些科学家进行研究的时候，没有计算机、没有标尺、没有螺丝钉，是一万个没有。因此，他们只能在物件本身上去下功夫，把精力和关注点高度集中，不受其他任何因素干扰，没那么多聪明的办法，牢牢抓住的就是研究对象本身，这才有了我们今天试图去解释和想抵达

有话说

却依然不得的深度。

有一年，我被中宣部评为典型，中宣部希望我在全国做一个巡回演讲。我记得当时的演讲题目是"先做人，后做节目"。看到这个题目，或许有人觉得我这个命题太大了，会让他们产生很沉重的心理负担，不就是学个说话嘛，怎么还扯到做人的问题上来了。如果你真这么想，我只能非常抱歉地告诉你，不管我之前教给你多少技巧，如果你做人不行，那么那些技巧只会让别人看到更坏的你，只会显得你更不行。

有一句话被大家误解得很深：不要因为走得太远，而忘记自己当初为什么出发。在我看来，这句话远没有那么简单，关键看你是从哪儿出发。要是抱着各种各样的功利目的，不用走很远，走几步就能把初心忘得干干净净。但如果真的是从初衷与纯粹的起点来说，好多人还待在家里，鞋都没穿好。因为他还没想通为什么出发，所以没随大队赶路。

现在都喜欢谈论说话之道，这个可以有两个理解，一个理解是方法，一个一个具体方法的小道，入口好找，走起来也容易；另一个理解是可以知道生活方向和人生态度的大道。如果你把这本书理解为崔永元的说话之道，那我真的希望能是第二种，我年纪也不小了，真心不想道太小。所以，你以为我是要鼓励你们说话笨一点儿？脑子想得少一点儿？行动迟缓一点儿？心里少装一点儿？

这些二元对立的两面有一个内在的逻辑，不是纯粹的快与慢、聪明与蠢钝、冷漠与热情，你可能已经意识到了，这里的核心是"道"和"术"的问题。那么，咱们中国人当然是重视"道"的，为人之道，做事之道，道可道非常道，门道、上道、着道……

我们概念中的道，要么就特别星辰大海，要么就特别鸡毛蒜皮，中间这一溜儿，没谱儿。但我去日本访问的时候，发现日本在生活中的"道"特别多，他们把喝茶叫作"茶道"，把武术演化成"柔道"，把拿大棍子打人演化成"剑道"……

拿柔道举个例子吧。在比赛之前，柔道选手会不停地鞠躬，给对手鞠躬，给教练鞠躬，还要向自己国家的方向鞠躬，甚至还要给垫子鞠躬。总之，要鞠一圈躬之后比赛才会正式开始。不像摔跤，选手双方会相互做个手势，表示一下敬意之后就会开练了。在柔道比赛中，真正的高手不是一招就能把对手摔得失去知觉的人，而是不仅技艺高超，还能收放自如、点到为止的人。也就是说，他们虽然会把对手摔得非常狠，但不会把对手摔晕，而是会给对手留一个可以敲垫子认输的机会。如果你问他们是怎样做到这一点的，他们可能也回答不上来，可能境界到了，自然就可以了吧。

我们采访过一个非常厉害的柔道教练，他在日本是有名的擒技大王，当时我们还受邀到他家里吃过一顿饭。教练的夫人非常热情，准备了一桌子美食，除了我们这桌，旁边还有一桌，同样有鱼有肉，夫人在那张桌上跟一帮年轻人一起吃。刚开始我还以为那些年轻人也是教练的客人，想上前打招呼，结果教练却摇了摇头，告诉我那些都是他的学生。后来我才知道，教练家每天都会有一桌饭是留给他的学生们的。学生们会轮流着来，今天这五个，明天那八个。每次来的时候，他们都会在门口喊一句："师母，有什么事需要我们帮忙吗。"师母就会让他们进来，然后让他们尽量好好地吃一顿饭，吃完饭他们就会告辞离开，而教授每次都像没看见他们一样。

当时我就在想，如果这件事放在中国，我要怎么给大家讲？在我们的思维里，或许会认为这个教练在学雷锋做好事，标题或许也要换成"一个好师父"才更贴切。但是，在日本这就是道，就是很自然的事情、很平常的事情。

最能体现日本的道的，是日本的围棋。20世纪八九十年代是围棋比较兴盛的时期，中国和日本都是围棋强国，当时中国的优秀选手有马晓春、聂卫平，日本也有一批很优秀的选手，比如小林光一、武宫正树、藤泽秀行。但渐渐地，在中、日、韩三国围棋擂台赛的时候，日本基本上已经很少再能入围决赛，获胜的不是中国就是韩国。主要是因为中国和韩国的棋手相比棋形是否好看，似乎更在意输赢。所以，日本的围棋就这样慢慢衰落了。

我最喜欢的日本选手是武宫正树，他的下法有一个很好听的名字，叫"宇宙流"。因为我不会下围棋，我就向人请教宇宙流是什么意思，他说宇宙流就是下棋的时候棋形非常漂亮。我说那是赢还是输呢，他说宇宙流不讨论输赢的问题，只讨论棋形。我说外行人怎么感受棋形是好是坏，他说你可以眯起眼睛来看，如果棋形看起来像一幅画，就是好的。后来我找到武宫正树的书来看，果然像他说的那样，所有的棋形都特别漂亮。这就是棋道，它不是以胜负作为衡量的准绳。他当时说了一句话让我印象深刻，他说："即使赢了棋，但如果棋形很难看，我也会非常伤心。但是，如果棋形特别漂亮，即使输了棋，我也会很高兴。"

尊重说话本身以及说话的人

如果正在读这篇文章的你恰好认识贾平凹先生，请代我向他表达我诚挚的歉意：对不起。虽然那期节目过去很久了，但我的歉意久久挥散不去。如果贾平凹老师表现出了对我的歉意的不耐烦，不用惊讶，因为这已经是我第三次给他道歉了，我不嫌烦，就怕不够。

很久很久以前，我们请贾平凹先生来做节目，那一期叫《大学里来了个贾（假）教授》。贾平凹先生当时在一所大学教授中文，但是没有职称，我觉得这是我们职称评定制度上的一个问题，一点儿也不妨碍他是非常伟大的作家。当时我们觉得自己很聪明，利用"贾"和"假"同音，营造了一个很好的节目效果。贾平凹先生来之前并不知道我们这期节目的内容，他以为是让他谈作为一个职业作家，和传统的教师在教学上有什么不同。但是他没想到，我们整场节目都是对他这个"假教授"的"批判"，而我们这些策划人还在那里沾沾自喜。

我永远也忘不了那个场面，忘不了我们的那种自以为是、残忍和粗暴。教授假不假，仁者见仁，但可以确定，我们是真的蠢。

也许有人会说：你们是为了节目效果，你又是著名主持人，所以这又能怎么样呢？我来告诉你们会怎么样：那件事之后，我经常在半夜惊醒，然后就再也睡不着，甚至会一直睁眼到天亮，而我睡不着的时候，脑子里回荡的全都是这些事情。这些事情里不仅有贾平凹先生，可能还有哪位大姐、哪个孩子，或者哪个观众，总之有各种各样的人。这种思绪萦绕在我脑海里，以至于有时候会让我产生"不该走上这条路，真的不该做这个职业"的念头。

所以，人一旦失去敬畏和尊重，就会失去平静和安宁。

但是我发现，我曾经犯过的错误还在年青一代的主持人身上重演，而且有愈演愈烈之势。现在的主持人队伍越来越年轻化，也越来越漂亮，一定程度上肯定是好事儿，但是他们中的很多人却并没有经历过该有的修炼过程，因此会经常出丑。比如，在节目中跟嘉宾连线的时候，他们会把自己的那种跋扈、那种不懂装懂、那种高于对方的心理表露得一览无遗。

知道尊重很重要，但是知道该如何去做到尊重更重要。尊重不是施舍，不是单行线，不是伸出手索取，而是先诚心地奉上。

我在看西南联大教育史的时候，看到了金岳霖教授的一个故事。当时，金岳霖在哲学系讲授形式逻辑学。每次上课的时候，他会先在黑板上写一行字，然后讲一个形式逻辑的道理。有一次，一个学生站起来对他讲的提出了异议，说他讲的不对，金岳霖便开始跟他辩论。最后那个学生说："我就是根本不信你的形式逻辑。"金岳霖说："如果你不信，为什么还要来听课呢？"学生说："我来听课就是为了证明你的形式逻辑根本不存在。"

有话说

　　金岳霖的每堂课，这个学生都会来听，而且每次都会跟他辩论一番，其他学生都很乐见他们的这种交锋。他们之间的这种辩论并不会因为下课而结束，两人会一起去食堂吃饭，吃饭的时候会继续辩论。其实，对于研究哲学的人来说，怕的不是别人提出异议，怕的是被无视，他们巴不得每天有人找他们辩论呢。

　　金老师和学生的互动中，最打动我的地方在于在不同声音中的对话，这其中除了共识之外，必须有的就是尊重。因为尊重，即使我们观点不同、价值观不同，甚至世界观不同，我们还是可以平等交流。他们之间存在着因为理解而靠近的尊重。

　　在我们的生活中，我们常常有一个惯性思维，总强调：你要尊重，就是要理解。所以，我们就认为：理解是尊重的前提，没有理解，就没有尊重。但有的时候，理解对我来说，挺难的。比如，对男生染一头的红头发，我是很难理解的。

　　有一年到韩国去访问，一个志愿者陪着我们，高高的一个小伙子，一头红发，戴着耳环，第一眼冲击力有点儿大，我没缓过来。之后，我努力不去看他的红头发，一直观察他。我发现他吃饭的时候会捂着嘴，出入的时候他一定给女士、老人先开门。有一次，我们都走出去很远了，发现他还站在原地，原来是十余米外还有一个女生走过来，这个女生可能跟他说了谢谢，也可能没说，他就只是鞠了个躬，然后跑过来追我们。

我突然发现这个孩子样样比我强，虽然还是不理解红头发，但突然就觉得特别好看。这其实也是一种尊重。

回到我自己，如果你问我，会不会希望我的女儿在选择她未来的道路时受到我潜移默化的影响。不可否认，作为父亲，我内心当然是希望女承父业，但是如果她有她的喜好和追求，完全没问题，我也非常支持，坚决不会做那种强制性要求。在这里，我特别想和家长们说，和孩子观点不同、态度相悖的情况，我们都会遇到，谁也跑不了。我们不用总是强调"理解"，我们只要知道他们就是会有他们的世界观和价值标准，他们就是有他们表达赞同或者反对的权利和自由。想想那个红头发的韩国男孩，不用理解，要尊重。

我女儿从来不会说你是我的骄傲，但是她会告诉我她爱我，也会偶尔给我一个拥抱。不过，有一段时间她在拥抱我这件事上表现出了一些拒绝，我突然有了一种危机感，所以赶紧对她说："无论你长到多大，你都是爸爸的女儿。如果有一天你不想再和爸爸拥抱了，那我的天就塌了。"没办法，我就是这样一个非常注重仪式感而又心灵脆弱的人。后来，她在跟我拥抱的时候偶尔会看手机，可能就真的只是一个仪式吧。没关系，只要你在我的臂膀，我不在意你的目光。

其实，这么多年我也一直问自己，为什么我不能像别的主持人一样，很单纯地享受做节目的快乐以及因为做节目而带来的成名的快乐，就是走在街上谁都认识你，走到哪里人都对你充满善意的那种快乐。我报过案、排长队买过东西、出差坐过火车和飞机，几乎都能受到非常好的待遇，比如升舱或者让我先上，哪怕是出门买一个小糕点，也会有人说："你等一下，我给你拿一个新出炉的。"我应该特别高兴的对吧，至少按道理没有理由不高兴，但好像就真的高兴不起来，我的朋友都说："你太矫情了，你这个人没法养！"

"为什么？"

因为我觉得在一个文明的国度，每个人都应该受到这样的待遇和尊重。

每个人都普通而平等，走在街上不会有人莫名其妙嫌弃我走路慢或者是走路快而打我一顿；不会在下雪天我抱着孩子好话说遍，出租车司机就是不停，只是因为路程太短。听起来很荒谬是吧，但我告诉你，所有这些都是曾经发生在我们身边的事实，可能当时的当事人是路人甲，但如果我们不做任何的改变，很可能下一个就是我们自己。你不知道听到这些的时候我有多愤恨，真的，我在那个时候从来没想："有一天我混成一个名人，变成一个大官，我让你们每个人都对我好。"我从来没这么想过。我想的是，我不变，这个社会会变，它会变得尊重每一个人，尊重每一个生命，珍爱每一朵花，珍爱每一只小猫，那才是我们要的美好的生活，不是吗？

最近和女儿微信聊天，她说她正在看《三峡好人》，很喜欢里面一个镜头的画面和颜色。我跟她说，贾樟柯的电影都很好，最值得看的是《小武》。

她回了我一个微信表情，意思是"好的"。

众多的可以

有一次，在节目现场，我们请来了几位大爷大妈，一起聊一个话题。当时我们正聊着，一位大妈突然指着跟拍我的摄像师，说我们这个摄像师跟她儿子长得很像，连身高都一样。大家听到都乐了。我说："既然您觉得他长得像您儿子，您就当他是您儿子吧。"面对突如其来的现场认亲，还是认亲儿子，大家笑得更大声了。我转过头对摄像师说："那你替大妈的儿子说两句吧。"摄像师很机智，立马就进入状态，说："大妈您看，我跟您儿子的年龄差不多，我们这代人是这么想的……"

那期节目很成功，话题多了一个观点，现场多了一个效果，摄像师多了一个妈。

有话说

　　摄像师临时"客串"这个环节过后，现场气氛变得更加轻松了。如果用现在的眼光来看，无论是摄像师参与谈话这种节目设置，还是最终达到的节目效果，都不算什么，现在节目中的一些设计比这要新奇得多。但在那个时候，这绝对是一次巨大的转变，这种转变让我意识到，原来，这间屋子里的每一个人，不管他在干什么，他都可以参与到我们的讨论当中，都可以发表自己的观点。哪怕有人说的有些跑题了也没关系，作为主持人，只要把话题拉回来就行了，比如你可以这样说："我觉得不应该从这个方面探讨，应该从那个方面探讨。"

　　别人总告诉我们，这个不可以，那个不可以。我觉得可以反着来，多问问自己为什么不行？为什么现场就不能多几个、几十个观点？为什么摄像师就一定要在摄像机后面，不能参与讨论？为什么现场的大妈不能在轻松愉快的气氛中认个儿子？

　　我一直在说一个概念：众多的可以。其实就是要开放，改革开放的开放，思想开放的开放，不要自我设限，多试试，东讲讲，西讲讲，实在讲不通，就南北都讲讲。

在我们的思维模式中，"不可以"的力量总比"可以"的力量大。大概是因为否定一件事儿，总比肯定一件事儿容易。肯定一件事儿，你总是需要很多的准备，而否定一件事儿，一句话就可以了："反正我觉得不行。"

有一次，我们的策划人跟我说了发生在浙江的一件事，我们觉得这件事可以引申出一个话题做一期节目。这是件什么事呢？说是在浙江有一批人，他们把没人骑的自行车都收集了起来，统一刷上了绿色的漆，把它们变成了公用自行车，如果你是农民工，只要你有进城打工的证件，就可以免费骑。

很多媒体对此表示了赞赏，认为这样做给农民工提供了方便，也承认了他们是城市的一分子。但是有些人对此却坚决反对，他们认为这是一种赤裸裸的身份歧视。因为不管你住在哪儿，在哪儿工作，穿什么戴什么，只要你骑上这样的自行车，所有人都会知道你就是进城打工的农民。尽管大家说，会像对待城里居民一样对待农民工，可是真的会一样吗？他们觉得不会一样。说实话，我也觉得不会一样。

我觉得这个话题真的特别棒。我记得，在我们节目中针对这个问题最后并没有达成统一意见。浙江的那些绿色自行车仍然在那些城市里存在着，每天有好多人在骑。

当我不断地把这样的选题做成节目的时候，我慢慢发现，除了对和错，还有不知道对还是错，还有这么看是对，那么看就错，又或许两种方式改进一下都是对的，而从更高的层面上来看都是错的。

总之，会有各种各样的结论。我们需要做的就是容纳和接受这些不同的观点。可是有人会说，有的人一张嘴我就知道是错的，为什么还要容纳他呢？

那么，我们能不能换个角度想一想？

第一，是不是因为他一张嘴就是错的，才给了我们一个校正他的机会？

第二，其实他们说的并没有错，只不过是你理解错了，或者说是社会还没发展到那个程度，但后来被印证是对的？比如，捍卫太阳中心说的科学家布鲁诺以及发现地球是球形的天文学家采科·达斯科里，这些早期发现自然规律的科学家，有的被烧死了，有的被绞死了，但是，后来科学的发展印证了他们的说法都是正确的。

第三，即使他说的是错的又能怎么样呢？

一旦我们明白要拥抱众多的可以，我们便会突破很多以前没有踏足的禁区。普华永道是世界顶级的会计师事务所之一，它在香港的分公司有一个高级人才，从外表看是位男士，但是他却希望能使用独立的卫生间，如果不行，他希望能使用女卫生间。这就是他的主观意识，绝不是在捣乱或是给公司出难题。最后，香港分公司的总裁把自己单独的办公室腾出来给他使用，因为那间办公室里有一个单独的卫生间。

我女儿考美国大学时填写的一张表格，我拿在手里看了足足有一刻钟，因为我被它刺激到了。表面上看，这就是一张很普通的表格，跟我们常填的那种包括姓名、性别、年龄、家庭住址、联系电话等个人信息在内的表格很像，但是，在性别这一栏我却看到了七种选项，我就是被这七种选项刺激到的。这七个选项包括：男、女、不男不女、亦男亦女、先男后女、先女后男，最后一个最棒——其他。说实话，在最初被短暂地刺激了一下之后，我是真的觉得有点儿感动了，感动的是他们对每个人的自由和权利竟然可以尊重到这种程度。

但是，请注意，我希望去拥抱的不是接受和包容。一旦我们讲到接受和包容，我们就还是维持着一种从上到下的姿态，还是没有真正打开怀抱和心灵，还是觉得自己是对的、自己是重要的、自己是主流的。

我们去拥抱的是：众多的可以。就好像你开了一家面馆，当一个客人说："今天的面很好吃！"你会说："欢迎下次再来！"第二天，同一位客人对着同一碗面说："你们家的面太烂了！垃圾！"你还是会说："欢迎下次再来！"而不是说："你滚！"

前段时间，我跟我的律师们一起开会，每个律师都发表了自己的观点。最后发言的是我特别欣赏的一个律师，他说："我看了一些诉状，就是我们准备告的这些人的一些诉状。有一些人很显然是恶意的，是诽谤和侮辱，这些人我们必须起诉；还有一些人呢，只是不同意我们的观点，小崔你想一想，是不是也要告他们？"听了他的话，我开始思考这个问题。他接着又说："我想你一定同意我们要捍卫别人言论自由的权利这个观点，但是言论自由不只是说正确话的权利，也包含说错话的权利。"

听了这话，我脑袋'嗡'了一下：真的，我从来没有从这个角度想过这个问题。我们总说言论自由如何重要，并且要努力争取，这是正确的。然后我们总认为自己说的就是正确的，按这个逻辑推出我们应该捍卫正确的言论。但我们是否高估了自己？实际上，我们并不能肯定我们说的都是对的。那么，当我们说的不够对或者根本就不对的时候，我们还能说话吗？

我想告诉你，当然能说，而且必须能。言论自由必须包括说错的自由。

听懂了这个律师说的话，我随后划掉了十几个被告。划掉以后再看他们每个人的名字，我是这么想的：

首先，我要给你们一个改过自新的机会。

其次，你们不一定是错的，只是在绝大多数的地方错了，你们有对的可能吗？几乎为零。

最后，只要你们没有恶意、不违法，即使你们是错的，又能怎么样呢？

经过这样的论证，最后我得出结论：我会去拥抱众多的可能，虽然我绝不会拥抱他们。

不只有"我"，还有"你"

　　说话是有"术"的。作为一个从业20多年的"资深主持人"，我从来不否认这一点，我只是更愿意让你知道"除了术，还有道"。"术"教会我们怎么把一件事情用最快的方式做成，而"道"让我们知道一件事总会有成和不成的两面，别着急，别焦虑。所有的经验都是可以分享的，你自有你独一无二的特色，但无论什么时候千万不要忘了善良。

　　你就是你说的话。

　　这话里面的学问，大着呢。不光是为了沟通，为了说服，为了谈判．说白了就是说话的目的不是唯一的目的，还要有我把你放在我心里的情感，以及我愿意站在你的角度重新像你一样想一遍、活一回的温度。

还记得汶川大地震的时候，我们的很多记者第一时间奔赴了灾区，为的就是把现场最真实的情况第一时间传达给大家，但是当我听到对幸存者的采访是"您家里死人了吗？""您家里死的是谁？""您被压在底下19个小时，当时心里是怎么想的？"的时候，心里一凉。我的心理医生也受不了了，他赶紧给我写了一封信，然后我把这封信转给了台长，台长把它印发给所有的记者。

当一个人遭受了巨大的无法承受的灾难，同时又被反复地刺激询问，很容易产生后应激反应，也就是很可能在人声鼎沸的时候他看起来一点儿问题都没有，客观冷静，脸上甚至都没有一滴眼泪，但是几个月之后，会产生不可抑制的后果，包括自杀。因为曲终人散，终有一天所有救援的人都会离开，而他们必须回到原来的生活，但是原来陪伴他们的孩子没了，爷爷没了，猫也没了。房屋街道都重新建起来了，比原来还好，但是他们心里的东西没能一起重新建好，反而留下巨大的心理阴影和精神压力，它们会像压死骆驼的最后一根稻草般引起整个人的崩塌。

我们都知道新闻要讲求真实、全面、客观、公正，但是新闻不应该是一堆冷冰冰的时间和数字，远比新闻事件更重要的是新闻中的人。最重要的不是我，而是我们。

同样，也是有一年日本地震引发了海啸，人员伤亡和财产损失都十分惨重。当时，日本NHK电视台的所有音乐节目、娱乐节目都停播了。七天之后恢复的第一个娱乐节目，是一个大人带着一群孩子一起做游戏——避险游戏。他们一起用积木搭了一个房子，然后模拟地震的场景，房子要倒了，这时候大人就告诉孩子们，他们应该藏在哪儿、到哪儿找水、怎么呼救。房子倒了，重新盖起来并不难，但是人心如果出了问题，修复起来就很难。所以不为别的，就是这份简简单单的人文关怀让我特别感动。

很多年前，我采访过一个日本主持人叫筑紫哲也，也是日本电视界的泰斗级人物。他主持的一档节目叫《NEWS 23》，每天晚上11点播出。他的这个节目很短，但是他一直保持着一个习惯，就是每天在录节目之前手里都会拿着一把纸条，然后用钢笔在上面写字，写的都是他想说的话，或者他的一些感触。然后他会把这些纸条装在兜里，上台去主持节目。每期节目无论有几个板块，但是到了最后，他都会留出一分钟，从兜里随便掏出一张字条，掏出哪张是哪张。这张字条上的话可能跟今天有关，或者跟本周有关，或者跟本月有关，或者跟人生有关。无论是什么，都不影响他把上面的话念出来给大家听。他的这个习惯得到了所有观众的认可，好多人每天准时收看他的节目，踏踏实实、心甘情愿地等到最后一分钟，听他读那句没有开口之前他自己都不知道具体是什么的话。多美，带着那么一点儿神秘，也带着那么一点儿期待。一个老人用一张字条，传递了属于他的关怀，也传递了这样一种情愫——原来我们也可以有我们的关怀，原来我们不是孤独的，而是和这个世界紧紧联系着的，我之外，还有你，还有我们。好像听完了这一句，心就安了，就可以洗漱上床了，睡不睡得着一点儿都不重要。

所以，看起来这好像就是一个节目应该有的温度和人文情怀，但回到说话，回到做人，回到生活，何尝不是一样。大部分时候，我们面对的情形和故事有两个角色，一般人会觉得一个是"我"，一个是"你"。但我想说，应该是"我"和"我们"。如果总是把对方当作一个与自己毫无关联的路人，哭就哭呗，死就死呗，或是总感觉自己高人一等，不仅是身高，更是心态，那我们就永远都找不到说话的要义，也永远无法成为一个好的说话者。

真的让我遇到这样的冷漠之人、讨厌之人，我倒是有一条很中肯的建议给他，很简单，很实用，两个字：闭嘴。

说回来，无论是在媒体传播的过程中，还是在我们平时与人交谈的过程中，我们不仅仅是要表达自己，而且应该在表达中把对方也考虑在内，放在心上，不能什么都是"我"，更多的应该是"我们"。

说话的时候，我们总是忍不住，忍不住说这个，忍不住说那个。仿佛哪句话憋在肚子里就会消化不良，但真正让这个世界肚子痛的是我们不怎么释放的关怀。我们为何能如此忍住关怀呢？

学习关怀，每个成年人听起来都会感觉奇怪，对吧？就好像你会去教一个成年人学习吃饭、上厕所吗？那现在我在干吗呢？我当然是在把大家组织起来学习关怀，具体一点儿，是学习"人文关怀"。

"人文关怀"实际上有两个境界，最高境界是你发自内心的，是你骨子里的，你会尊敬每一个人，不管他干什么，不管他的职位有多高、薪水有多少，不管他处于什么生存环境、是什么家庭背景，你都会尊敬他。差一点儿的，就是你可以装出来，也算是个技巧吧，你可以装得很有人文关怀，你可以装得尊敬每一个人。

但是，如果压根儿就不知道人文关怀的重要性，甚至连装都不装，那么这和随地大小便就没有什么太大差别了。

话尽不散场，总留一盏灯

人走了，茶不能凉。

做节目是这样，做人也一样。

很早之前，早到我们做《实话实说》的时候，每一期的选题都是独家的，而且这些选题都是紧跟时代脉搏和潮流，什么话题最火我们就做什么，用现在的话来讲就是，早已经响应时代的号召，走在了与时俱进的前头。

那么，这么多的独家选题都是从哪儿来的呢？这就跟参加过我们节目的嘉宾们有关了。我当时听到的最高兴的事情，也都是跟我们的嘉宾有关。有时候，是我们的策划人到采访对象家里做前期访问，帮人家把沙发修好了，把窗帘修好了；有时候，是参加过我们节目的嘉宾的孩子要结婚了，请我们去帮助策划婚礼；有时候，是哪个嘉宾的朋友要在北京倒车，求我们节目组帮着买火车票。

说到这儿，相信你们也猜到了，《实话实说》之所以有那么多独家选题，就是因为我们有一大群遍布全国各地的亲朋好友，无论是他们身边，还是他们的亲朋好友的身边发生了什么有趣的事情、值得探讨的事情，他们都会第一时间给我们打电话，我们才有了那么多特别鲜活的节目题材。所以，我们的节目选题不是从报纸上抄来的，也不是从杂志上看来的，而是这些亲朋好友亲自给我们送来的。

我常常在想，一个节目是从什么时候开始的，是舞台上的灯光亮起的那一瞬间，还是现场导演喊的那句"三，二，一，开始"？都不是，在我们给嘉宾打第一个电话被接通的那一刻，节目就已经开始了，我们就已经建立了联系，彼此间开始注入了真诚。那什么时候一个节目结束了呢？只要我们跟这个嘉宾还联系着，节目就永远都不会结束。

从节目到交谈，从说话到人生，哪一样跳得出这个道理？大千世界，芸芸众生，我们遇到了，坐下来一起安安心心地说上过一段话、踏踏实实同行了一段路，怎么可能因为到了家门口，说了声再见，自此就门一关，句号一画。想想都可惜。

哪怕话尽了，场也不会散，就还一直在那儿，不拆不倒。而曾经场里面的人，最好的结尾就是各自成长，但彼此关注。

陈虻一直在。

陈虻是我的老师、我的战友，也是我的兄弟。做《电影传奇》的时候我们俩都是制片人，他当上了副主任。我找他审片，跟任何职务上的因素无关，就是出于对他本人和他的业务的尊重，完全心甘情愿去听他的想法和建议，因为我觉得他问出的问题都特别有道理。

　　我印象很深的是有一次他看完后，对我说："你这个片子挺好的，只是你怎么才能做到周播呀？"

　　因为我们要拍外景，这就需要很多的布置以及场景和人的调度，所以他很担心时间周期，他说要想保证周播，除非一口气拍出来十几期先攒着。

　　我就和他说："你的《生活空间》也是纪录片，那个怎么做到的呢？"

　　他盯着我看了好久，说："那个应该不一样吧。"

　　"一样，都一样，都是你想做的事情，咬牙都能做成。"

　　他笑了，然后低头在播出单上签了他的名字。

　　有时候，我也会问自己，如果现在再让我做这件事，还能做成吗？我觉得不太可能了，因为什么都变了，应该也没有那个心气儿了。

时间，时间。

很早的时候，我们做过一个节目叫《真实再现》，讲的都是真人真事，但我们都会找其他人重新演一遍，把事件重现。我们拍得很精细，同时也会考虑怎样才能不让观众感受到太多表演的痕迹。我们觉得最好的方式是不要推拉摇移，这样呈现的效果就会很像纪录片的再现，几乎可以以假乱真。但是怎么看待这里面的真假问题，我们把这个当作一个课题讨论了很久，最后决定在右上角打上标记——真实再现。时间当时说过一段话，我觉得特别好，他说："我们今天不标注，再过50年，那些做纪录片的就会以为这些是真的。"

敬一丹，敬大姐。

到今天，我都不会和敬大姐开玩笑，不仅是我，我们这一群人都不会。因为她对我们来说就是一个长者，是所有人的大姐。她的好就是特别在意你，在意我们这一群人中每个人在各自领域的一丁一点儿的进步和成功。

有话说

一方面是她本人真的谦虚，她有那么多丰富的经历和成绩却从来不说。我记得，最开始《实话实说》录像的时候，她经常去看，又不能公开露面，就悄悄坐到台下来看，当一个普通观众。

另一方面是她真的在乎你，我们的什么事她都会关心，身体不好了，情绪不好了，都会关心，几十年，一直如此。

很庆幸，这么多年，遇到这些人。

前几天，我的学生送了我一本书，还问了我一个问题，她说："生活中，能给我们带来快乐的东西往往都是片刻的，那么我们的人生真的就是为了某些瞬间活着的吗？"

我给她讲了一个故事，也想讲给大家。很早之前我们采访过一个老爷爷，70多岁，他有一本日记本，每天遇到一件高兴的事儿，就会写上一个"福"。比如，"今天我跟老马下棋，连赢三盘，来个福字"，大概都是这种，一天没停过。这样的日记本已经积了厚厚一摞。突然翻到一页，上面写着"今天被车撞了，去了医院"，我就很奇怪：都去医院了，怎么还能写个"福"？"医院一检查，说不缺钙！"

所以，什么是瞬间呢？什么又是永恒呢？这就像是一个只要活着就永远也参不透的命题，但也不是完全说不明白，我们是不是可以把它假设成话尽散场后的那盏灯，大部分时候很无奈，也有那么一点儿无聊，但只要看见灯亮着，就足够我们温暖自己，也温暖彼此，就足够我们坦坦荡荡写一个大大的"福"。

别忘记

吃药

疯子，不多

非常有幸，我认识了王家卫导演。前一阵儿他监制了一部电影，快上映的时候特意找我主持开幕，我说为什么是我，他说因为讲的是一个关于"复仇"的故事。

前年，他从我这里拿走了一个故事版权要拍成电影。可一见面，他从来不给我讲故事走向，而是一直在构建时代背景。他花了大量的时间和精力去搜集整理各种各样的资料，梳理盘根错节的线索，分析这个时代背后存在的可能性，并为此极其激动。他还留给我一个任务，寻找当年的资料。转眼两年过去了，别说电影没看见，连个剧本都没有，不过王家卫拍电影好像一直没有剧本。

故事的版权期是5年，有一天，他跟我说："小崔，很可能5年过去了，我还没开始拍呢，到时候我们得再续。"

现在人们眼里，说话常常是一件必须用效率来衡量的事情，如何快速说服别人，如何当场感动客户，如何马上获得认可，好像来自别人的认同无比重要。这个时代很快，非常快，快到电影项目要压缩到两年，甚至一年。可是对于王家卫这样的人来说，怎么可能呢？他们要构建的不是一部电影，而是一个时代啊。

但恰恰是他的这种慢让我慌张起来。就像《复活》《安娜·卡列尼娜》这些书，年轻的时候读得很快，会觉得就只是一个爱情故事，等到自己年纪渐长，有了生活的阅历之后再慢慢品味，才发现原来里面根本就是人生。

这个就是时间的力量。时间是洪水猛兽，也是解开问题的答案。

20多岁的时候，觉得一切都可以，都来得及。50岁之后，发现时不我待。我家的卧室里有非常非常多的书，我连翻都没有翻完，因此常常和朋友开玩笑说，摆在那儿就像是一种行为艺术。但是真的很怕，很怕还有这么多好的东西还没有看完。

南唐后主李煜喜欢纸，为保存好纸，专门修建了储存的房屋，名为"澄心堂"。和我们今天所用的纸张左右晕染不同，澄心堂纸会上下分层，非常可惜已经失传了。我有一个朋友叫贡斌，他听别人说起这种纸，就中了魔，发誓一定要重新做出来。很长很长时间，他一心都扑在了这件事上，直到有一天阿城先生去了他家，从垃圾桶里发现了他之前以为失败扔掉的一张纸，说："就是它，这就是中国纸应该出现的效果。"

这么多年，见过名利场，丢掉了胜负心，作为一个散淡之人，他趴在地上号啕大哭。

因为，那一瞬间，他觉得："我的人生好像可以从此结束了。"

后来他们办了一个展览，叫"汉纸越千年"。你可以想象，纸造成了，静静地躺在屋角，贡斌和孩子们睡去了，蔡伦来了。

澄心堂纸以前是卖不掉，因为特别贵，现在是买不到，因为已经被各大博物馆收藏，用来修补古画。据说一张价格可达七八万元。

他送过我一张，我直接就给用了，第二天早上起来一看，真的吓了一跳，所有的叠笔都能看到，所有的痕迹都有保留，突然就很感动，原来我们的祖先早已经用他们的方式让我们在这个世界上存在着，只是我们渐渐把这些弄丢了，好在还能找回来。

他把帮过他的人的名字都文在身上，我的名字也在上面。

"将来我一死，就把皮剥下来，保存起来。"

这么看，好像都是一些不合时宜的人，但他们活得很快乐，而且是一种把一件事情做到了极致的快乐。

你也能看到他们身上真正打动人的地方：他们好像都没那么着急，就按着自己的节奏慢慢找答案，所以有时候我们说艺术是孤独的、艺术家是孤独的，其实大多数时候他们超级幸福，因为他们从来不怕慢，要的也不是一城一池。

我记得之前看过杨丽萍的一篇文章，她说家附近有一片竹林，下过雨之后地上会有积水，她光着脚在上面旋转、舞蹈，有时候地上有泥，转圈就会很顺当，从来不摔倒，她希望自己一生就这么旋转。

真美啊。

我不是艺术家，我们中的大部分都不是，但是多幸运能够见到这么多这样的人在这么活着。我今年55岁，已经进入人生后半程了，真心希望自己接下来所做的事都能由心而发，是新的尝试。

有话说

我们永远做不到为大众活着。

现在我还担任一个职位，每次介绍到一半大家就笑，叫中国电影家协会收藏工作委员会主任。今年改选，我说好歹换一个人吧，但就是换不了。实际上选我的这一百多人，全部都是狂热的电影收藏爱好者，几乎每个人家里都是一个小型的博物馆，最少的也有20台放映机，多的上百台，你说留着这些能干吗呢，什么都干不了，就是活一个尽兴。当然有尽兴也就有战战兢兢，其中一个哥们儿，收藏了几百台电影放映机座机，特意在苏州租了一个仓库，一打开里面跟兵马俑似的。他老婆到现在都不知道有这么一个地儿，如果知道非得疯了不可，所以我们私底下经常威胁他，"不然就给你老婆打电话"。

这些人特别特别可爱，不爱吃不爱喝，穿的衣服也都没什么特别好的，把钱全部放到这上面，就图一喜好，也没想着要和别人多不一样，但很容易就被定义成"图什么呀""有点儿偏执"，不然你说你买这么多能干什么吧？

"这样的人多吗？"

"多呀，一百多个呢。"

"放散了看呢？"

"那肯定是不多。"

疯子嘛，怎么会多。

主要还是靠药

电影就是造梦啊。

2002年，我最开始生病的时候，觉得没有任何东西是有意义的。医生和我说："你就去做你真正喜欢的东西吧。"就是电影了。

于是有了《电影传奇》。

最开始台里希望我可以继续主持《实话实说》，我为此准备了充足的借口，我还需要一段时间去看病和调理身体，大家也都很理解，于是就用这么一段争分夺秒的空当一口气拍了200多期《电影传奇》，出演了300多个角色。实际上还可以更多的，只是我觉得我都演得这么好了，毕竟还是应该把机会留给更多年轻人不是。

再往回倒，我和电影的故事，太早太深了，小时候住在大院，每次要放电影，就会有大喇叭喊：崔小元，要放电影啦。我就充当半个工作人员帮忙倒胶片带，是真的着迷呀。我曾经有一个很具象的描述，从小看到火车外面匆匆而过的一面白墙，我都会觉得那个就是电影幕布。后来想想，其实是，如果你有太多的想法要找一个地方安置，那就是电影。

有一部电影，在今天变成了一个很奇怪的现象，没看过或不提它，就好像不懂电影一样。那就是《小城之春》。其实这部电影的拍摄和整个命运都充满了故事。当时文华公司正在拍摄《好丈夫》，租了摄影棚，邀请了很多大明星，但是每天只能匀出两个小时的拍摄时间，影视公司一琢磨这是要赔钱哪，就商量着说用这个棚同时间再拍一个吧，最好就几个人、几场戏，然后听说一个叫李天济的年轻人写了个剧本叫《苦恋》，一看还挺好，5个人，很简单的故事。就交给费穆先生拍了。费穆说那就把整场戏和场景再减少三分之一吧，改了一版之后又减了三分之一，就这么开拍了。戏里面妹妹唱了两首歌非常有名，其实当时根本没有具体的限定，就是在那个人物微妙的情绪里直接想到的，于是《在那遥远的地方》和《可爱的一朵玫瑰花》就成了电影插曲。有一天一只鸡进了画面，本来应该叫停的，但是实在舍不得，胶片太珍贵了，最后一出来发现特自然，于是电影就是五个演员加一只鸡演完的。后来电影出名了，就有影评说是神来之笔。

1948年电影上映，票房一塌糊涂，没人觉得好。一直到1995年，在意大利举办了一个中国电影回顾展。当时选了两部影片，《马路天使》和《小城之春》。原本是想着外国人可以被《马路天使》震撼一下，结果万万没想到，带来爆炸性影响的是《小城之春》。外国人极其惊讶，20世纪40年代的中国竟然有这样的电影，太伟大了。所有的媒体都在报道，我们也才算明白了原来这部电影这么好啊。

就像说话一样，很多话，当时听不懂，别着急，放着，慢慢来，总有一天你能听到它的回响。

姜文的每一部电影我都很喜欢，最喜欢的始终是《太阳照常升起》，当然《让子弹飞》也很喜欢，但从我个人欣赏电影的角度来看，我觉得这种电影看不看都行，因为有的是人会拍这种电影，不一定非得是姜文。为此，他说："《让子弹飞》是我给观众的礼物，《太阳照常升起》是上帝给我的礼物。"第一次听他说的时候，我就觉得非常感动，真的太美了。

因为我自己太爱这部电影了，几乎记得里面所有的画面。其中讲到女生要去俄罗斯找自己的丈夫，背景音乐是首新疆歌曲，那是我们在20世纪80年代能够听到的为数不多的一首歌，我第一次听是在大学宿舍，一个维吾尔族的同学伊力汗唱的，第二次就是这部电影里了。姜文不仅抓住了那段共同的时代记忆，更是抓住了从那个时代走过来的我。人一辈子有多难啊，能有几件事可以由衷觉得是上帝给自己的礼物啊，至少活到现在我还在寻找。

有一次和一个学生聊到这部电影，她也非常喜欢，说虽然看不懂，但就是觉得很美。我说这就够了，电影不用看懂，没有什么看懂看不懂的，我们想象的电影都是一个故事，你都不用记住里面有谁，这都没关系，只要你还记得那些画面，蓝天白云、扔起来的算盘珠、远山、独独站立的树、女人的绣鞋、白房子，还有轰隆驶过的火车。只要你记着这些，就够了。看不懂的电影多了，一点儿不妨碍它是优秀的作品，不妨碍你感受到它的美。

现在《太阳照常升起》的原拷贝和出现在镜头中的拖拉机都完整保存在中国传媒大学崔永元口述历史研究中心的展馆里。而且我始终觉得，这小子前面拍那么多部电影就是为了拍这一部来实现自己的理想。如果先拍了这个，估计后面就没人和他玩儿了。

之前总有人问我：你找到自己"上帝的礼物"，或者宿命感了吗？我会觉得我的宿命感就很像《小城之春》，可能我做了非常多的事情，自己觉得特别好，有那么点儿了不起，然后等到纪念我逝世95周年的时候，大家才突然发现，原来那个叫崔永元的人，还曾经养过一只叫安娜的猫。

关于电影还有另外一个缘起，我们是从寻找老电影故事的路上，开始了后面的口述历史。

所以，热爱这事儿真没地儿说理去，喜欢有时候就是最大的驱动力，不理解没关系，原本也没指望所有人都理解不是。明明人家睡着了还睡得特香，你醒了就非得把人拉起来，多讨厌。

回到一开始，《电影传奇》和《电影传奇》里面的每一个角色都陪我度过了很艰难的一段时光，日子开始不再只是焦虑能不能睡着、能睡多久，还多了很多别的色彩。谁让我们是在造梦呢？梦里当然就可以做自己啊，想说的就说，不想说的就不说呗。

由此可见，医生的建议真好。

不过，如果你问我：真的是电影帮助你从疾病中走出来的吗？

我会回答你：主要还是靠药。

每个人都是时代的样本

很多人都问我，现在主要在做什么，统一回答，就四个字：口述历史。

通过口述历史，我们可以看到说话与历史之间的联系，历史不仅仅是档案上的文字，还活在我们的记忆里，每个人都是这个时代的倾听者、记录者和表达者。从前，我们总是用大喇叭喊这句话；现在，我希望用录音笔和摄像头，耐心地记录下每个人关于时代的记忆。

如果再问："口述历史"在做什么？答案就是"给我们留下一个千百年后还可以和先人温馨对话的机会"。

1999年

其实我们最开始做口述历史的时候，根本没有人知道，想说明白得倒回到1999年。那一年，我到日本访问，第一次知道了"口述历史"这个概念。当下其实并没有完全搞明白，但是始终有一个念头在说：这件事我们应该做，而且应该现在就做。

一回来我就和台里讲，却被台长的几个问题问住了。

"你这个是要做什么呢？"

"还不太清楚，但是得拍。"

"那什么时候播呢？"

"需要的时候再播。"

这就聊不下去了嘛。

台长说那就等咱们需要的时候再做呗。所以你看，事儿没说通，但又觉得挺着急。

2002年

我生病了嘛，前面说了听医生的建议去做《电影传奇》了，那个时候还没有想起来口述历史。但是，《电影传奇》就需要拍摄老电影人的口述故事，当年都有谁，演了哪些人物，都发生了什么事儿，原本都是很简单的事情。突然有一天，我们外出采访的记者给我打了一个电话，说有这么一个事儿："我们现在在广州，王为一老爷子可能要谈7个多小时。"

你知道他当时打这个电话主要是担心什么吗？因为要占用我们更多的机器和带子，说出来你都不信，我们当时还真就是这么个水平。

所以，当时我脑子里的第一个念头就是：不应该呀。

但是一问都聊了些什么，全都是人生中巨大的生命场景、悲欢离合，真是舍不得打断。立刻就说什么都别管了，就放开了说，放开了采，结束一看，还真是7个多小时。回来之后，一大帮人都围在一起看，看着看着我感觉头顶像是被人拍了一下，突然意识到：这就是口述历史。

说得通俗一点儿，我们每个人都是时代的一个样本，每个人都自带故事，想搞清楚这个社会、这个时代，每个样本都不可或缺。

自那次起，我们马上把所有的记者召集到一起，全部按照这个规格来采，不管他拍了几部电影，是多小的一个角色，都从头开始说。也正是从那个时候开始，我们有了更多的资金支撑，口述历史才真正做了起来。当我看到我们储存的磁带有一整个弓库的时候，那种兴奋真的没有办法表达。从无到有，我从来没想到会是今天这个局面。现在其他在做口述历史的朋友都会把他们的素材拿到我们这里来备份，你会发现，真的不只是你一个人在坚持了。

2002年始，我们一直
和时间赛跑。4000人次
的口述，还原一个民族
负重前行的侧影。

我们还在努力！

这是2009年的数据，如今我们的口述历史资料库里，已经采集、收集了上万人次的个人生命史影像。

2011年

一天，我在上海虹桥机场遇见中国传媒大学的丁俊杰老师，我们之前关系就非常好，只是他还不知道我正在做口述历史这件事，主要是我觉得也没什么可需要特别宣传的，该做什么就去做好了。正好等飞机的空当，我就给他讲了讲，他问我下一步的打算是什么。那时候于丹已经帮我牵了线，北京师范大学给我设计了一栋楼。

丁老师马上说："千万别，你这个必须应该捐给咱们母校啊。"

我说："丁老师，如果捐给咱们母校，那中国传媒大学在这个学科建设上就是全国第一了。"

他一回到北京就和校长商量了这件事。

校长问小崔有什么要求吗，一听说小崔也没什么要求，又一想他要是想当副院长那就让他当呗。不过其实我倒是真的没有任何要求，就是想有一个地方把这些东西好好地保护起来。那就很简单了，北师大给准备了一栋楼，咱自己总不能给半栋吧。学校当即拍板，北师大不是拿图纸正在盖嘛，咱们这个（中国传媒大学老图书馆）你现在就可以搬进来。

如今，口述历史研究中心里面的所有资料都会捐给学校，并且大部分对学界开放。

一开始很多人会有担心，这些老人平均年龄85岁，会不会有所遗忘或叙述错误的情况，其实这正是我非常希望可以和大家分享的地方。口述历史主要分为两个部分：一部分是素材收集，就像采集标本；另一部分专门根据收集来的信息做分析和验证，可以说，我们目前在做的正是最最艰难的第一步。

截至目前我们共采访了1万多人，有16个门类，素材海量。曾经有位同事专门负责整理我的图书和磁带素材，他带着三五个小朋友一起，扫描封面记录所有的名字和种类备注，做了一个月之后有一天告诉了我一个数据，什么时候能够完成。

"崔老师，我们算出来了。"

"要多长时间啊？"

"30年。"

所以你看，这真不是一代人的事情，但是让更多人开始意识到这件事，让更多的人愿意参与进来，本身就值得高兴。第四届中国口述历史国际周又在中国传媒大学举行，中国和其他十几个国家及地区研究这个领域的专家都来过了，他们都特别惊喜，说这是全世界研究口述历史最大的一栋楼。

稍微有那么一点儿遗憾的是，因为一开始大众的认知就是我在做口述历史，大家会想当然地把它娱乐化。其实往大了说，这不是一个人的事，是一个民族的事，是我们国家对自己学术、血脉的传承，如果没有，真的有点儿可惜。

所以我们现在做的，就是希望在500年以后，有人可以说："曾经有一个叫崔永元的疯子，他弄来了一批'孔子'的录像。"

前两天刚刚有人采访，问到这些年是不是遇到过特别特别多的困难。当然，肯定有困难。但只要你想做成一件事，再难能难到哪儿去？最难的真的就是想采访的人采不到啊。

我们曾经打算采访戚本禹，他之前是毛泽东主席的秘书，我们见过很多次，但是他一直不接受，这中间的3年时间里我们变成了特别好的朋友，一起吃饭一起聊天，掏心掏肺，只有一条，不能录像、不能录音，直到有一天，他说可以拍摄了。我们还在准备，他就去世了。

太遗憾了。

去世之前，有人去看他。

他说："小崔是个好人，见到他，你代替我给他一个拥抱。"

这是我特别难忘的一件事。

时代总会走远

一个时代结束了。人们都这么说。

值得那么惋惜吗？

"我早都觉得我们的时代过去了，怎么可能永远是你的时代？"

而且也真没觉得属于我们的时代就有多骄傲，看看我们上一代的那些人，就会发现什么才真是思想的高度，什么才真是实实在在的贡献和价值。

但无比庆幸的是，我们那个时代里的那些人，直到今天还是我认识他们的时候的样子，很单纯，也没什么豪言壮语。其实我们所谓的梦想、理想，身处当下的时候你是不知道，也没有强烈感受的，一定要放在相对漫长的时间线之外去回望，才会发现那是不是最好的时光。

比如时间。他这人总是凶了吧唧的，但就有一点，绝对不能接受循规蹈矩，错了没关系，砸了也没关系，但一定要是新的东西。他说："好看是节目第一的标准。"无论是报道的人，还是被报道的人，都要有思想和个性，都要是有血有肉、活生生的人。我觉得他很了不起，时间走在了时间的前面。

比如陈晓卿，今天大家都知道他和他的《舌尖上的中国》，实际上这个"吃货"拍纪录片的水准非常高，并不仅仅只是"舌尖"。他现在正在做一件事情，就是把以往有关战争的纪录片都标注出来，后面再有历史画面、历史资料重现的时候就不会出错。

有时候想到这些人，就会很温暖，就是我们这代人总还是会有对自己内心的发问，才让我们在心底总是会保有那么一点儿良知。

　　记得之前在鲁豫的采访中我说过，前半生大部分的理想都没有实现，很多人不相信，我回来自己还梳理了一下。我的第一个理想是电影放映员，觉得技术难度高了点儿。于是第二个理想就变成了电影院美工，也就是在电影院门口画海报，主要原因就是看电影不用花钱，于是我在家里画了好多海报，一点儿都不好看。

　　第三个理想是当兵，其实具体是什么意思也不清楚，只是看到家里两个哥哥同一个晚上同时穿着新发的军装离开家去了部队。后来高考的时候，我的理想是俄罗斯语言文学系，而且去了北大俄语系复试，因为我当时想象中的俄罗斯，是我一下车第一个遇见的就是托尔斯泰，在大街上见到的都是契诃夫，整个俄罗斯都是这样的人。我当时喜欢一本杂志叫《苏联文学》，就觉得我毕业了一定会到那儿去上班，结果没有考上。

　　急着追的东西总得不到，慢下来时，很多却都来了。

等到了北京广播学院（现为中国传媒大学），系统学习了关于新闻专业的知识，我才发现自己的性格特别适合当记者，当然后来也经历了现在被称为"电视革命"的黄金时期。有的时候，人恰恰因为没有选择，而走对了路。

但是，如果能够再活一次，我一定不会选择重来，一样都不会。认真想一想，我应该是会去做没做过的事吧，比如考古，总之再也不做需要到处说话的事情。也有可能会选择做一个图书管理员，里面都是古书，每天可以戴着手套，捧着书读。当然，如果考不上大学，我就选择去做一个动物园饲养员，多高兴啊，每天猴子啊，狗熊啊，想和谁玩儿和谁玩儿，想想都觉得幸福。

陈虻之前说过一句话：要成为一个主持人，先成为一个人。

以前总觉得这句话挺装的，突然有一天就理解了他的话，就像有一天突然看懂了《复活》一样。做我们这个行业的人，很多年都只是一件道具、一个传声筒。那个时候享受的那些喜悦当然是浅薄的，有鲜花、有掌声，甚至你到市场买一根黄瓜都能得到便宜，所有的好你都能享受到。但是，等你有一天突然意识到，你自己远没有那么重要，你确确实实应该去做一个人，而不是明星，当你开始努力去做一个人的时候，才发现过去的那些快乐都不重要了。时至今日，你发现想追求的已经非常艰难，远比前半辈子经历的难得多，你有时候能找到哪怕一点儿这样的感觉都是三生有幸。

我不信一个人做不好人，却说得好话。

我知道或许你更希望从这本书里学到说话的各种技巧，却看到我画了那么多个圈。我把自己的人生故事放在圈里，把时代的种种放在圈里，把我对你和未来的期盼都放在圈里，却唯独不想你把自己放在圈里。

同样的道理，不要告诉我你懂得了怎么做人，那是扯淡。

因为，你明白要做一个人已经很了不起了。

该怎么做人，安娜也成天想这个问题，却始终没有答案。

但她还是一直努力在做，你也一样。

电影《天气预报员》凸有过这么一段台词："艰难的事和应该做的事，往往是同一件事。凡是有意义的事都不会太容易，毕竟成年人的生活里很少有'容易'二字。"

就像这么多年，实话没有放过我，我也没有放过实话不是。

写在

最后的话

有一些话是特别想说的。

在以前无比辉煌的时候，我说的每一句话都被称为名言警句。现在那个时代过云了，我也在微博上恢复了普通人的样子。这个时候出版的这本书，我会觉得特别珍贵。

我想告诉大家，其实每个人都可以是作者，写一本有关自己心得和经历的书。曾经我们总想着一定要感染千万人、影响千万人、纠正千万人、指引千万人，我们有那么多规矩和套路，好像只有这样才可以开始做一件事。但是当我们打开思路时，会发现：每一个思想都是独特的，每一个说法都是独特的，每一个做法都是独特的。更可贵的是，这些做法都值得我们尊重，而其中很小的部分值得我们借鉴或者效仿。

所以，在这本书的结尾，我真心请你用开放和宽容的心态来接受这本书，更接受你自己。每个人都是完美的，你的所有经历和故事都无比精彩，都对这个世界有着巨大的影响和价值。

你就是你自己，你有你自己的路。

图书在版编目（CIP）数据

有话说 / 崔永元著. — 杭州：浙江人民出版社，
2018.12（2019.1重印）

ISBN 978-7-213-09072-1

Ⅰ.①有… Ⅱ.①崔… Ⅲ.①语言艺术
Ⅳ.①H019

中国版本图书馆CIP数据核字（2018）第276028号

有话说
YOU HUA SHUO

崔永元　著

出版发行	浙江人民出版社（杭州市体育场路347号　邮编　310006）
责任编辑	徐　婷　李　雯　钱　丛　张世琼
责任校对	陈　春
装帧设计	沐希设计
电脑制版	刘珍珍
印　　刷	北京盛通印刷股份有限公司
开　　本	880毫米×1230毫米　1／32
印　　张	8.25
字　　数	132千字
版　　次	2019年1月第1版
印　　次	2019年1月第2次印刷
书　　号	ISBN 978-7-213-09072-1
定　　价	52.00元

如发现印装质量问题，影响阅读，请与市场部联系调换。
质量投诉电话：010-82069336